ここがツボ！

3つの数字
だけでわかる
決算書の読み方

公認会計士・亜細亜大学名誉教授
碓氷 悟史

会計知識がなくても、
IFRS適用会社の決算書も、
かんたんに読める

同文舘出版

まえがき

　わたしたちが生活している社会において、すべてのヒトが会社の内容を理解できるということは、とても大切なことだと思います。
　社会の中心になっているのは経済ですし、その経済の中心は何といっても会社であり、そして会社の内容を正しくとらえるためには、決算書が読めないといけません。
　本書は、この決算書の内容を「3つのツボの数字」でかんたんに理解できるように工夫しています。
　本書をお読みになっていただければ、超かんたんに決算書というものが理解できると思います。
　ところで、いまの決算書を取り巻く環境は、激しく変化しています。
　決算書の作成方法は、世界共通の会計のルール（IFRS：国際会計基準；正確には国際財務報告基準）によって、統一されていきます。
　日本の会社の決算書も、このルールで作成されるようになってきています。
　いまのところ、従来の日本基準を適用しても、IFRS（イファーズ；アイ・エフ・アール・エス；アイファレスと呼ばれます）を適用しても良いことになっていますが、いずれはIFRSになるでしょう。ですから、IFRSの決算書が読めなければいけません。
　IFRSは、3,800ページ以上にも及ぶ会計のルールですが、その内容を知らなくても、IFRSの決算書は読むことができます。
　本書は、決算書の基本的な読み方に加えて、IFRSを適用した会社の決算書も読むことができる、とても便利な決算書の読み方を、みなさんにお伝えしています。その読み方は、言い換えれば、決算書の速読法ともいえます。
　本書をお読みになれば、納得されると思います。ぜひ、会計知識がない方も、「会計アレルギー（会計に対する抵抗感や恐怖感）」をお持ちの方も、本書のご一読をお勧めします。

そして、本書をお読みになった後には、会社の過去と現在の業績の良し悪しが「3つのツボの数字」だけで、はっきりとわかるようになる筈です。
　最後に本書は、同文舘出版の中島治久社長をはじめ、同社スタッフの方々のご理解により出版の運びとなりました。深く感謝いたします。特に編集作業に携わっていただきました角田貴信さんには、心から御礼申し上げます。お陰様で、とても満足のいくものとなりました。
　著者として心から感謝いたします。
　ありがとうございました。

2015年4月吉日

碓氷　悟史

ここがツボ！　3つの数字だけでわかる決算書の読み方
会計知識がなくても、IFRS適用会社の決算書も、かんたんに読める

● もくじ ●

第Ⅰ部　3つの数字のもと ……………… 1

1. 決算書が読めると ……………………………………… 2
2. 決算書は、会社のカルテ！ …………………………… 4
3. 決算書は、"おカネの流れで"！ ……………………… 6
4. おカネの流れのとらえ方 ……………………………… 8
　　－「出どころ」と「使いみち」－
5. おカネの流れの結果 …………………………………… 10
　　－合計は必ず一致する－
6. どこで切っても差額は一致する ……………………… 12
7. 儲けの状態（損益の状態）のとらえ方 ……………… 14
8. 財政状態のとらえ方 …………………………………… 16
9. 金額の覚え方と比率の出し方のテクニック ………… 18

ここがツボ！ 10. 利益の蓄積額を見てね！ …………………………… 20
11. 利益の蓄積額は、どこにあるの？ …………………… 22
12. 利益剰余金とは、何なの？ …………………………… 24

13	損失がたまると！	26
	－マイナス利益剰余金とは何か－	
14	利益剰余金の大きさで何がわかるの？	28
15	損失の累積額（利益剰余金のマイナス）で何がわかるの？	30

ここがツボ！ 16 長期蓄積力比率 …… 32

17	マイナス長期蓄積力比率	34
18	利益剰余金の財政状態計算書（貸借対照表）への影響	36
19	マイナス利益剰余金の財政状態計算書（貸借対照表）への影響	38
20	決算書の中心は、財政状態計算書（貸借対照表）です！	40
21	財政状態計算書（貸借対照表）のツボは、利益剰余金です！	42
22	財政状態計算書（貸借対照表）で何がわかるの？	44
23	資産（おカネ、モノ、権利）のなかみ　その１	46
24	資産（おカネ、モノ、権利）のなかみ　その２	48
25	負債（借金）のなかみ	50
26	純資産（資本）のなかみ	52
27	IFRSの資産、負債、純資産　その１（資産）	54
28	IFRSの資産、負債、純資産　その２（負債、純資産）	56
29	損益計算書のなかみ	58
30	商売の大きさ	60
31	商売上の利益の計算	62
	－売上高と売上原価、そして粗利益－	
32	本業の利益（営業利益）の計算	64
33	販売費及び一般管理費とは、何なの？	66
34	本業以外の収益と費用とは、何なの？	68

35	IFRSでは経常利益が無くなります！	70
36	税引前当期純利益（税引前当期純損失）と当期純利益（当期純損失）とは、何なの？	72
ここがツボ! 37	真の経営上の利益 　　－持続可能利益－	74
38	包括利益とは、何なの？　その1	76
39	包括利益とは、何なの？　その2	78
40	IFRSの損益計算書　その1	79
41	IFRSの損益計算書　その2	82
42	利益剰余金の損益計算書（包括利益計算書）への影響	84
43	マイナス利益剰余金の損益計算書（包括利益計算書）への影響	86
44	キャッシュ・フロー計算書で現金預金等の流れを読む	88
45	キャッシュ・フロー計算書とは、何なの？	90
46	直接法によるキャッシュ・フロー計算書	92
47	間接法によるキャッシュ・フロー計算書	94
48	キャッシュ・フローの活動のなかみ	96
49	キャッシュ・フロー計算書の超かんたんな流れ	98
ここがツボ! 50	キャッシュ・フロー計算書の真の経営上の利益 　　－キャッシュ・フローによる持続可能利益－	100
51	IFRSのキャッシュ・フロー計算書	102
52	利益剰余金のキャッシュ・フロー計算書への影響	104
53	マイナス利益剰余金のキャッシュ・フロー計算書への影響	106

第Ⅱ部 3つの数字で決算書を超かんたんに読む ……………… 109

ここがツボ！

54	設立から現在までの儲ける力のはかり方 ……………	110
	－長期蓄積力比率とマイナス長期蓄積力比率－	
55	過去の経営力の強い会社の例 ………………………	112
56	問題会社、危険な会社の例 …………………………	114
	－マイナス長期蓄積力比率の実例－	
57	会社の安全性を読む　その1 ………………………	116
	－自己資本比率－	
58	会社の安全性を読む　その2 ………………………	118
	－固定比率（長期資産の安全性）－	
59	会社の安全性を読む　その3 ………………………	120
	－負債比率（借金の安全性）－	
60	おカネの流れを読む …………………………………	122
	－流動比率－	
61	棚卸資産（在庫）は何日で売上となるか？ …………	124
	－棚卸資産回転期間－	
62	ツケの代金は、何日で現金預金となるか？ …………	126
	－売上債権回転期間－	
63	財政状態計算書（貸借対照表）の読み方の重点ポイント ……	128
64	商売上の利益の読み方 ………………………………	130
	－売上総利益率－	
65	本業の利益の読み方 …………………………………	132
	－営業利益率－	
66	IFRSでは無くなる経常利益率 ………………………	134
	－いままでの経営上の利益－	

67	税金等を差し引く前の利益率と当期純利益率の読み方	136
68	IFRSの利益率	138
69	IFRSの実例で読む	140
70	売上に対する仕入のコストの読み方	142

　　　－売上原価率－

| 71 | 売上に対する販売にかかるコストと管理に対するコストの読み方 | 144 |

　　　－販売費及び一般管理費率（販管費率）－

| 72 | 損益計算書の読み方の重点ポイント | 146 |

ここがツボ！ | 73 | 損益計算書（包括利益計算書）の重点ポイントとなる利益率 | 148 |

　　　－持続可能利益率－

74	当期純利益は、現金預金等の増加となっているか？	150
75	本業の利益は、現金預金等の増加となっているか？	152
76	フリーキャッシュ・フローを読む	154
77	キャッシュ・フローによる税引前当期純利益率と当期純利益率	156
78	キャッシュ・フローによる本業の利益率	160

ここがツボ！ | 79 | キャッシュ・フロー計算書の重点ポイントとなる利益率 | 162 |

　　　－キャッシュ・フローによる持続可能利益率－

| 80 | 総まとめ　決算書の3つの重点ポイント | 164 |

財務3表（一例） ————————————— 166

| 附　録 | ……………………………………………… | 169 |

1	小野薬品工業	……………………………………	170
2	日本板硝子	………………………………………	182
3	日本電波工業	……………………………………	190
4	ＨＯＹＡ	…………………………………………	198

3つの数字のもと

1 決算書が読めると

　決算書が読めるか、読めないかの違いは、ビジネスを行ううえで大きなものがあります。

　決算書が読めると、会社の活動状況をうわさではなく、正しく、本当の意味でわかることとなります。

　決算書にも、おおまかのものから、とてもくわしいものまでありますが、いずれの場合にも、その会社の損益と財政と現金預金の状態を知ることができるただ１つのものと言ってよいと思います。

（会社の状態）		（決算書）
損益の状態 （儲けの状態）	---------▶	損益計算書
財政の状態 （カネ、モノ、権利と借金の状態）＊	---------▶	財政状態計算書（貸借対照表）
現金預金の状態	---------▶	キャッシュ・フロー計算書

＊　正確には、財政の状態は、カネ、モノ、権利と借金の状態、そして株主持分（株主：オーナーが持っている分）からなっています。

　特にIFRS（イファーズ；アイ・エフ・アール・エス；アイファレス：国際財務報告基準）では、たいへん簡素化された計算書であらわされ、詳細は注記（注意点）や明細書で示されるため、そのもとの仕組みを知ることが大前提になるからです。

　また、取引先や就職先や自分が関係する会社の内容を本当に知っているのと知っていないのとでは、判断やその理解に大きな差が出てきます。

何よりも大事なことは、決算書を読めることによって、その会社の経営上、何が重要であり、何が欠けているかがわかることです。
　そして、会計や経理や簿記の知識がなくとも専門的な判断や意思決定ができるようになります。
　本書の特徴である、過去の利益の蓄積を中心とした「3つのツボの数字」を知ることによって、過去から現在、そして今日から未来の理想の損益や財政や現金預金の状況を超かんたんに読めるようになるのです。
　過去の長期的（設立から今日まで）利益の蓄積額で、その会社の経営の強さや弱さが超かんたんにわかり、それが未来の、そう、将来の計画の目標値として画くことができるようになるのです。

ちょっとした知識

① **決算書とは**
　決算とは、会社の儲けとか、財産の状態を**決**める計**算**ということですが、その計算**書**ということで**決算書**と言います。

② **財務諸表とは**
　決算書は、正式には、財務諸表と言います。**財務**とはおカネを扱うことですから、そのいろいろな計算書ということで**諸表**、それら2つをあわせて**財務諸表**と呼びます。

2 決算書は、会社のカルテ！

　わたしたちは、体の具合が悪くなると医者にかかります。
　場合によっては、検査設備の整った病院に行って、検査を受け、病状を判断してもらいます。
　また、健康のチェックのため、人間ドックを利用することもあります。
　いずれにしろ、お医者さんにかかると、病歴や病状を聴かれ、治療方法などを記入したカルテがつくられます。
　言ってみれば、決算書は、会社の健康状態を記入して作成されたカルテです。
　この会社のカルテ、決算書では、会社の活動を**儲けの状態と財政の状態と、現金預金の状態の3つ**をあらわすために作成されます。

　会社の活動は、ふつう、次の6つの要素で行われています。

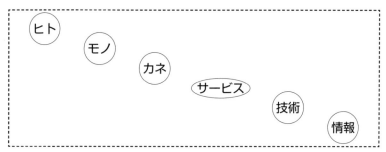

の6つです。
　このほかにも、空間やその他の要素が考えられますが、ふつうは、上の6つの要素が必要です。
　儲けは、これらの要素を使って得られた利益や損失です。
　家庭で言う、給料や報酬と残った現金預金です。
　財政状態は、現金預金や土地や建物といった状態です。

それは家庭で言う、土地や家屋、現金預金といった財産のことです。

財政状態は、財政状態計算書（貸借対照表）であらわされます。

儲けの状態（損益状態）は、損益計算書または包括利益計算書であらわされます。

現金預金の状態は、キャッシュ・フロー計算書であらわされます。

会社のカルテである決算書を読むことによって、その会社が**健康**か**病気**か、そして、その状況が判断できることとなります。

ちょっとした知識

決算書は、なぜつくられるのでしょうか？

左の図の要素のうちヒト、モノ、カネの3つは、絶対に必要なものです。

そのうち、会社におカネを出すのは、株主や出資者という会社のオーナーで、その信用によって銀行等から借金し、従業員や商品やサービスによって経営者が儲かるように動かしていきます。

このように会社は、会社を取り巻く人々や社会と切っても切れない関係にありますから、経営者は、これらの関係のある人々や社会に対し、自分たちの会社の決算書は、正しいという会計上の説明責任（会計上のアカウンタビリティ）を果たさなければならないのです。

このために決算書がつくられるのです。

会計上のアカウンタビリティ（会計説明責任）

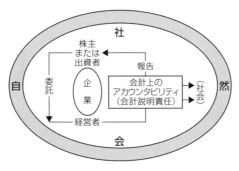

[2] 決算書は、会社のカルテ！

3 決算書は、"おカネの流れで"！

　会社のほとんどは、社会のために、そして自分のために商売して儲けようとする営利会社と社会に貢献することを目的とする非営利会社です。

　どちらも、社会に貢献するために会社を維持し、発展させなければなりません。

　そのために、いろいろな人々、さまざまなモノ、おカネ、必要なサービスと技術、そしてさまざまな情報を得て活動しています。

　ヒト　モノ　カネ　サービス　技術　情報

　会社の状態が良いか、ふつうか、悪いかを総合評価をする場合、

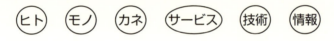

というように、活動の要素を合計しなければなりません。
　しかし、ヒトは、何人とかぞえ、モノは、いろいろさまざまな計りで土地は何坪、㎡、石炭は何トン、石油は何バレル、リットル、株は何株といった具合に！
　おカネは、円、ドル、ユーロ、元などなど。
　このように、活動の要素をはかる計りは、いろいろさまざまです。
　これでは、会社の活動の状態を総合評価することはできません。
　そこで、これらの要素の共通の尺度として、ふつうに経済社会で共通に使われている、おカネの流れに代えて、つまり、**貨幣を共通尺度**として使用し、金額で合計します。

　このように、おカネの流れ（金額）に直すと会社の活動のすべて、財政の

状態はもちろん、損益の状態も現金預金の状態もとらえることができます。
　ところで、会社の状態が良いか、ふつうか、悪いかは、前に述べた6つの要素を足し算した総合評価で決めることとなります。
　ですから、この6つの要素を足し算しないと会社の総合評価ができないこととなります。
　そこで、おカネの流れを共通のはかりとして使うと総合評価ができることとなります。
　次のとおりです。

	モノのはかり	金額・おカネの流れ
現　　金	1,000,000円	1,000,000円
預　　金	50,000,000円	50,000,000円
土　　地	1,000坪	1,000,000,000円
石　　炭	1,000トン	100,000,000円
建　　物	1,000㎡	150,000,000円
株	10,000株	20,000,000円
手　　袋	1,000組	100,000円
合　　計	できない。	1,321,100,000円

ちょっとした知識

　ただ、おカネ（貨幣）でとらえることは、自然だなとわかると思いますが、貨幣には大きな欠点があります。貨幣は伸び縮みするのです。
　物価が上がれば貨幣価値が下がり、物価が下がれば貨幣価値が上がります。
　はかりは、伸び縮みしてはならないのですが、共通のはかりは、伸び縮みする貨幣しかありません。現在のところ。
　ですから、会計では、買ったときの値段（原価）と売ったときの値段（時価）の問題がいつも出てきます。

4 おカネの流れのとらえ方
― 「出どころ」と「使いみち」 ―

　会社の活動をおカネの流れでとらえる場合、2つの面、左と右で記録していきます。
　たとえば、150億円のおカネが流れている会社を考えます。
　全部で、150億円のおカネが流れているのですから、「出どころ」も「使いみち」も150億円です。
　このように、左と右に同じ金額で記録しますから、どこまでいっても合計は一致します。
　もともとは、150億円のおカネの流れですから。
　つまり、おカネの「出どころ」と「使いみち」の合計は、必ず一致します。

おカネの流れ
150億円

(左側)	(右側)
おカネの「使いみち」	おカネの「出どころ」
150億円	150億円

会社の活動のおカネの「出どころ」は、3つです。

	おカネの「出どころ」
	借金（借りたおカネ）　　60億円
	自己資金
	（株主・出資者のおカネ）　30億円
	獲得
	（商売で得たおカネ）　　　60億円

　信用があれば、[借金]、できます。
　次に、個人であれば自己資金、株式会社であれば株主の出資金、そして、会社が獲得したおカネです。

次に、会社の活動のおカネの「使いみち」は、下の2つです。

おカネの「使いみち」	
運用 （どこへ使っているか）	100億円
犠牲 （商売で儲けるため にかかる費用）	50億円

まず、運用です。現金、預金、株式、土地などに運用します。
そして、おカネを獲得するための犠牲です。
テレビでコマーシャルしたり（広告宣伝費）、従業員に払う給料とか、交通費などです。
おカネの「使いみち」と「出どころ」を合わせますと次のとおりです。

おカネの「使いみち」		おカネの「出どころ」	
運用	100億円	借金	60億円
		自己資金	30億円
犠牲	50億円	獲得	60億円
合　　計	150億円	合　　計	150億円

　このように、「使いみち」は、いろいろなものに運用されているものと、犠牲にされた、おカネの使いみちです。
　上で見ましたように、おカネの「出どころ」は、借金と自己資金等と獲得の3つに分けられます。
　そして、合計は、150億円で必ず一致します。
　つまり、150億円のおカネの流れを2面に分けて記録していくのですから、左と右は、必ず一致します。

5 おカネの流れの結果
―合計は必ず一致する―

　おカネの流れの結果、左の「使いみち」と右の「出どころ」の合計が一致するのは、次のとおり、**左と右に同じ金額**を記入するからです。

100	◀------	1の活動	------▶	100
200	◀------	2の活動	------▶	200
100	◀------	3の活動	------▶	100
300	◀------	4の活動	------▶	300
300	◀------	5の活動	------▶	300
1,000		合　計		1,000

　このように、**合計は絶対に一致**します。
　何十、何百、何千、何万、何十万の活動（取引）を記録しても合計は絶対に一致します。
　そして、それぞれの活動を、同じ活動ごとに集計しますと、次のようなおカネの流れの結果となります。

　　　　　（左側）　　　おカネの流れ　　　（右側）

おカネの「使いみち」		おカネの「出どころ」	
運用	100億円	借金	60億円
		自己資金	30億円
犠牲	50億円	獲得	60億円
合　計	150億円	合　計	150億円

　　　　　　　　　　　　（一致）

10

会社の活動をおカネの流れで記録するとき、左側のおカネの「使いみち」のところと、右側のおカネの「出どころ」のところに、同じ金額を入れて記録しますから、前の例でも見ましたように、どのような数、何百、何千、何万、何十万の活動を合計してみても、**左側と右側は、必ず一致**するわけです。

　その結果を活動ごとに集計しても結果は同じで、その合計は、左ページの図のように必ず一致することとなる**記録原則・原理**です。

ちょっとした知識

記録の原理は、たった3つです。
① 　左と右の二面に記録します。
② 　名前を付けて同一金額を記入します。
③ 　合計を一致させます。
この3つだけです。

②についてですが、名前は、ルールで決まっていますので、それを覚えればよいのです。

③について、前に述べましたように合計は一致するのですが、左と右が一致しない場合には、左と右の少ない方に差額を入れて一致させます。

　下に、左側の金額が少ない場合の例を見てみます。

損益の状態

犠牲	50億円	獲得	60億円
⇨（差額）	10億円		
合計	60億円	合計	60億円

6 どこで切っても差額は一致する

　おカネの流れの結果、左の「使いみち」と右の「出どころ」の合計が一致するのは、前の⑤で説明したとおりです。
　そして、次のように、どこで切っても差額は一致します。

①

100	◀-------- 1の活動 --------▶	100
200	◀-------- 2の活動 --------▶	200
100	◀-------- 3の活動 --------▶	100
300	◀-------- 4の活動 --------▶	300
300	◀-------- 5の活動 --------▶	300
1,000	合　　計	1,000

　この場合、上半分は300（右）－100（左）＝200で、下半分は900（左）－700（右）＝200で一致します。

②

100	◀-------- 1の活動 --------▶	100
200	◀-------- 2の活動 --------▶	200
100	◀-------- 3の活動 --------▶	100
300	◀-------- 4の活動 --------▶	300
300	◀-------- 5の活動 --------▶	300
1,000	合　　計	1,000

　この場合、上半分は400（右）－300（左）＝100で、下半分は700（左）－600（右）＝100で一致します。

③
100	◀-------- 1の活動 --------▶	100
200	◀-------- 2の活動 --------▶	200
100	◀-------- 3の活動 --------▶	100
300	◀-------- 4の活動 --------▶	300
300	◀-------- 5の活動 --------▶	300
1,000	合　計	1,000

この場合、上半分は700（右）－400（左）＝300で、下半分は600（左）－300（右）＝300で一致します。

④
100	◀-------- 1の活動 --------▶	100
200	◀-------- 2の活動 --------▶	200
100	◀-------- 3の活動 --------▶	100
300	◀-------- 4の活動 --------▶	300
300	◀-------- 5の活動 --------▶	300
1,000	合　計	1,000

この場合、上半分は300（左）－100（右）＝200で、下半分は900（右）－700（左）＝200で一致します。

⑤
100	◀-------- 1の活動 --------▶	100
200	◀-------- 2の活動 --------▶	200
100	◀-------- 3の活動 --------▶	100
300	◀-------- 4の活動 --------▶	300
300	◀-------- 5の活動 --------▶	300
1,000	合　計	1,000

この場合、上半分は400（左）－300（右）＝100で、下半分は700（右）－600（左）＝100で一致します。

7 儲けの状態(損益の状態)のとらえ方

　儲けの状態（損益状態）は、超かんたんで前の⑤の左ページの下半分の左と右を切り取ります。

儲けの状態

おカネの「使いみち」		おカネの「出どころ」	
犠牲	50億円	獲得	60億円
純儲け	10億円		
合　計	60億円	合　計	60億円

　つまり、おカネの流れの全体のうち、下半分を切り取ります。
　そうすると、上の図のように、右側の獲得60億円から左側の犠牲50億円を差し引くとその差額10億円は、純儲けとなります。
　差額がある場合は、その金額を少ない方に入れて合計を必ず一致させます。

　それが、損益の状態として次のように変化し、

損益の状態

おカネの「使いみち」		おカネの「出どころ」	
費用	50億円	儲　け	60億円
純儲け	10億円		
合　計	60億円	合　計	60億円

　そして、正式の損益計算書は、次のように正式の会計の言葉に変わって、損益の状態から損益計算書となります。すなわち、
　損益の状態は、損益計算書に変わります。
　獲得（儲け）は、収益に変わります。

犠牲は、**費用**に変わります。
純儲けは、**純利益**に変わります。
このように、会計の正式の用語に変わっていきます。

損益計算書

費用	50億円	収益	60億円
純利益	10億円		
合　計	60億円	合　計	60億円

繰り返しますが、正式の会計では、儲けは**収益**と言い、犠牲は**費用**と言い、純儲けは**純利益**と言います。このようにして損益計算書ができ上がります。
おカネの流れと損益計算書の流れを見ますと次のとおりです。

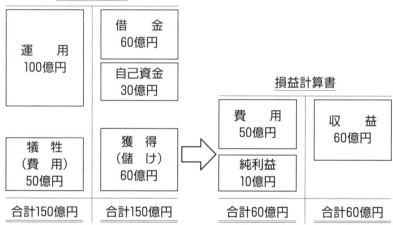

7　儲けの状態（損益の状態）のとらえ方

8 財政状態のとらえ方

今度は、おカネの流れの上半分を切り取りますと、財政の状態が超かんたんにつくられます。

財政の状態

おカネの「使いみち」		おカネの「出どころ」	
運用	100億円	借金	60億円
		自己資金	30億円
		純儲け	10億円
合　計	100億円	合　計	100億円

　上半分は、左の「使いみち」の運用100億円と右側の借金60億円と自己資金30億円からなっています。借金60億円と自己資金30億円の90億円で始まったのが100億円に増えているので10億円、純儲けが出たことになります。
　これが、正式の会計では、名前が変わって、**財政状態計算書（貸借対照表）**となり、次のようになります。

財政状態計算書（貸借対照表）

資　産	100億円	負　債	60億円
		純資産	30億円
		純利益	10億円
合　計	100億円	合　計	100億円

　正式の会計の言葉では、**運用**は**資産**と言い、**借金**は**負債**と言い、**自己資金等**は**純資産**と言います。
　そして、純儲けは、損益計算書と同じで純利益と言います。
　損の場合は、純損失となります。
　これから、この財政状態を示す計算書は、IFRSでは財政状態計算書と呼ばれます。

これまでの日本基準では、貸借対照表と呼ばれていました（いまでも）。

おカネの流れと財政状態計算書（貸借対照表）の流れを見ますと、次のとおりです。

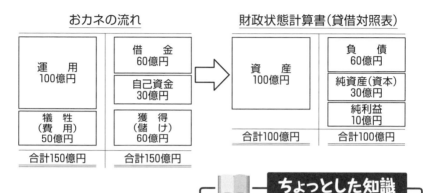

そして、次のことが大切です。

つまり、**損益計算書**の**純利益**（または、**純損失**）と**財政状態計算書**（貸借対照表）の**純利益**（または、**純損失**）の金額は、必ず一致します。

> **ちょっとした知識**
>
> これまでの日本基準の**純資産**は、IFRSでは、**資本**と表示されます。

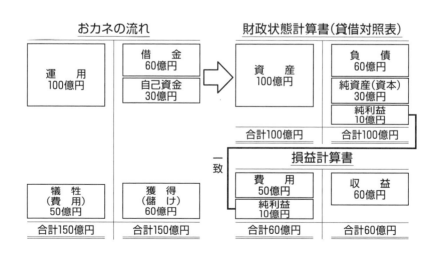

9 金額の覚え方と比率の出し方のテクニック

なにごとにも、理解しやすくするためのツボやテクニックというものがあります。

決算書の読み方にも、これまで見てきたようにツボがあるわけです。

本書の一番のツボは、次の⑩で説明する利益の蓄積額（利益余剰金）です。

［テクニック１］

たとえば、14,836,543,000円という金額の場合、これは148億、3,654万、3,000円ということですが、大体、**上位３ケタ**まで読み、それ未満は、無視してよいでしょう。

この会社は、148億円のおカネを使っているとか、百万円単位、少なくとも億円単位で速読できるようにすると、金額や数字に慣れることができます。

［テクニック２］

金額や数字は、**カンマのある単位**を覚えておくと便利であることは、みなさんもすでにご承知のことと思います。

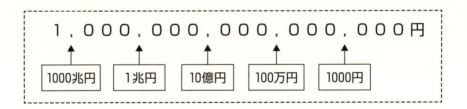

決算書を読むときには、特に、10億円単位と億円単位と百万円単位、そして千円単位で読めると非常に便利です。

[テクニック3]

決算書を読むとき、比較分析法や比率を利用します。

これにもテクニックがあります。

比率を出す場合には、全部の数字で計算しても**上位4ケタ**で計算してもほとんど差はありません。

〈計算例A〉

$$\frac{987,654,321}{1,234,567,890} \times 100\% = 80\%$$

〈計算例B〉　上位4ケタの場合

$$\frac{987}{1,234} \times 100\% = 79.98\%$$

このように、すべての数字を入れても、上位4ケタでもほとんど近似値で四捨五入すれば一致するということになります。

上の計算例でわかりますように、上位4ケタで計算した場合、すべての数字を入れて計算した場合と変わりがありません。

ですから、通常の場合の比率の出し方としては、上位4ケタで十分だということがわかります。

そのようにすれば、計算が早くなりますし、合理的です。

決算書の読み方で大切な異常点を探る場合でも、まったく影響がありません。

大きな金額や数字にアレルギーのある方は、このことを覚えておかれるとよいと思います。

10 利益の蓄積額を見てね！

決算書の中心となるのは、**利益の蓄積額**です。

家庭において、安心して生活するためには、必要な額の預金や貯金が必要なように、会社では、**十分な利益の蓄積額**（その会社の設立からこれまでの**儲けの中から蓄積されてきた利益の合計額**）が必要です。

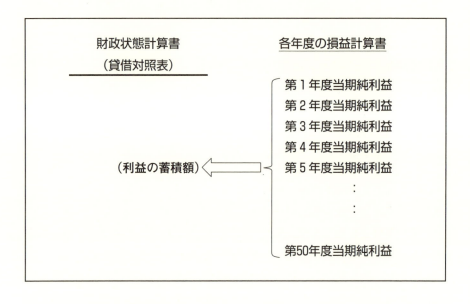

たとえば、50年の歴史のある会社を考えますと、50年間の損益計算書（現在は、1年間に1回の決算書：会社法）の最終利益の当期純利益の50年間の総合結果が利益の蓄積額（利益剰余金）に合計されているわけです。

つまり、**50年間で50回の損益計算書の結果が利益の蓄積額として**（マイナスの場合は、損失の累積額として）**利益剰余金に蓄積されている**わけです。

実際の例で見ますと次のとおりです。

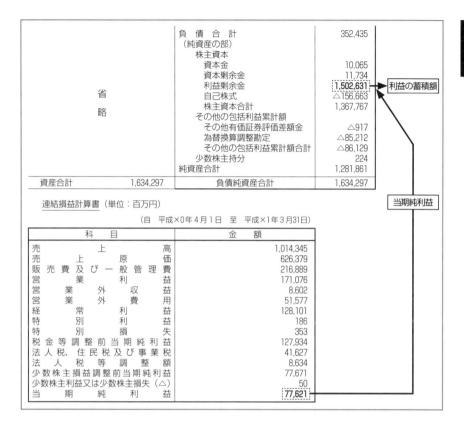

財政状態計算書（貸借対照表）は、その名のとおり財政状態をあらわし、損益計算書（包括利益計算書）は、儲け（損益）の状態をあらわします。

決算書を読むとなると、会計や簿記の知識がないと、あるいは、いろいろな比率を知らないといけないというように考えられている人も多いと思いますが、そうでもないのです。決算書のカナメはまったく会計知識や分析知識のない人でも超かんたんにわかります。

利益の蓄積額を見ることによって、これまでの優良会社か、ふつうの会社か、問題会社・危険な会社であるかが一目でわかります。

利益の蓄積額は、どこにあるの？

　利益の蓄積額を見ると、一瞬にして、これまでの優良会社か、ふつうの会社か、悪い会社かわかります。

　決算書というのは、その会社の1年間の儲けと、おカネの1年間の増減と年度末の財政状態を決める計算の書類です。

　決算書の中心である財政状態計算書（貸借対照表）は、その名称のとおり財政の状態をあらわすもので、会社の持っている、おカネ、モノ、権利とそれが借金からか、株主の持っている分かをあらわします。

　ですから、**財政状態計算書（貸借対照表）**では、これまでの会社の過去の活動の結果、つまり、残高をあらわしています。
　利益の蓄積額は、純資産の部にあります。

財政状態計算書（貸借対照表）

資	負　　債
	純　資　産　　ここ！
産	利益の蓄積額（利益剰余金）

　上の財政状態計算書（貸借対照表）は、利益剰余金がプラスの場合です。
　利益剰余金がマイナスの場合にも、同じように財政状態計算書（貸借対照表）の純資産の部にあります。
　ただし、日本では、正式の決算書では、マイナス表示は、次のように数字の前に△印がつきます。

決算書で数字の前に△がついたらその数字はマイナスということです。ちなみに、アメリカではマイナス表示は、カッコ（　　）で数字をくくります。

財政状態計算書（貸借対照表）

資	負　　　債
	純　資　産
産	△利益剰余金(損失の累計額)

　これに対して、損益計算書は、その会社の1年間の儲けの状態、つまり、1年間の損益の状態をあらわします。

　1年ごとの儲けと費用の比較計算で、1年単位でゼロから始まり、1年後に終わり、結果は、利益の蓄積額として財政状態計算書に蓄積されます。（損失の場合はマイナスされます。）

　　当期純利益　-------------------▶　利益剰余金をプラス
　　当期純損失　-------------------▶　利益剰余金をマイナス（△）

　最後に、キャッシュ・フロー計算書は、2000年（平成12年）に導入された新しい計算書で現金と現金と同じもの（たとえば、3ヶ月以内の定期預金など）の1年間の増減を3つの活動に分けてとらえたものです。
　キャッシュ・フロー計算書により、現金預金等の1年間の流れがわかります。

12 利益剰余金とは、何なの？

　利益の蓄積額は、正式には利益剰余金と言います。
　利益剰余金で過去の会社の状況が一目でわかります。
　そして、財政状態計算書（貸借対照表）で利益の蓄積額（利益剰余金）の場所［純資産の部の株主資本の区分の３番目］も理解できました。
　そしてまた、利益剰余金が利益の蓄積額であることがわかりました。
　くわしく言いますと、**利益剰余金は、その会社が設立されてから現在までの儲けの中から蓄積してきた利益の合計額**を言います。
　しかし、利益剰余金は、そのすべてが家庭の預金貯金のように現金預金で残っているわけではありません。
　工場の設備になっていたり、投資に回されたり、研究開発費になったりしています。
　さらに、"おカネがおカネを産む"ように工夫して運用されています。
　ただ、利益剰余金は、会社が設立されてから現在までの利益の蓄積額ではありますが、**実際にどのような形で残っているかと言いますと、土地であったり、建物であったり、株であったり、研究開発費に使ったり、現金預金として残ったり**と、すべてが現金預金として残っているというわけではないのです。

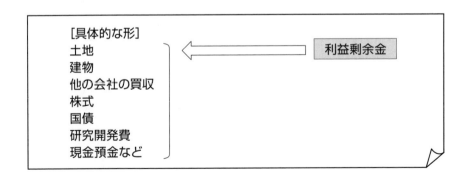

いろんな形で投資されたり、また、現金預金で残っていたり、それは、その会社の投資戦略で変わっているわけです。
　利益剰余金は、会社の設立から今日までの儲けの中から蓄積してきた利益の合計額ですから、会社の儲け（経営力）の歴史をあらわしていると言えます。
　決算書の中では、**会社の活動から得られた歴史的結果をあらわす唯一の項目**と言うことができます。
　会社の1年間の活動の結果（損益計算書）が純利益であれば増加し、純損失であれば減って、また、配当によって減りながら未来にまでつながっていくのです。
　毎年行われる損益計算の最終の儲け額から蓄積された部分が利益剰余金ですから、その会社の歴史的な経過をはっきりと示すものであると言えます。
　会社の設立から今日までの、その儲けの蓄積額、つまり利益剰余金は、長い間の儲ける力（長期経営力）をあらわしているわけです。
　したがって、優良企業か、問題企業かという判断は、この利益剰余金の項目を見れば一目でわかります。
　ですから、利益剰余金は、「過去から現在までの長期の儲ける力」をあらわしていると言ってよいのです。

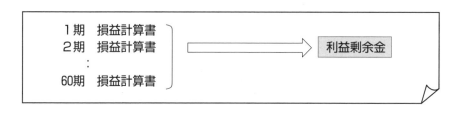

13 損失がたまると！
―マイナス利益剰余金とは何か―

　ところで、会社は、いつも儲かるとは限りません。
　もちろん、過去から現在、そして未来へと儲け続けることが理想ですが、現実にはそうはいきません。
　ときには、損をすることもありますし、中には、損失が何年も続くような会社も実際にはあります。
　その場合には、利益剰余金が蓄積されるどころか、利益剰余金がマイナスとなる場合もあります。
　マイナス利益剰余金がどこにあらわれるかと言うと、利益剰余金と同じ場所、つまり、財政状態計算書（貸借対照表）の右側の下の純資産の部の中に数字の前にマイナス表示（△）で示されます。（前述しましたように、日本の正式な計算書では、マイナス表示は△印で示され、一方、アメリカでは、カッコ（　　）でくくります。）

財政状態計算書（貸借対照表）

資	負　　　債
	純　資　産
産	損失の累積額(△利益剰余金) [アメリカではカッコでくくる]

　利益剰余金の金額の前に△印がつけられるだけでその場所は、変わりません。
　利益剰余金のマイナスというのは、利益剰余金の逆です。
　利益剰余金は、会社の設立から今日までの儲けの中から蓄積された利益の合計額ですが、**マイナス利益剰余金は、会社の設立から今日までの損失の累積額**をあらわします。

つまり、悪い会社、問題会社、危険な会社をあらわしていることになります。

| マイナス利益剰余金 ------------▶ 悪い会社、問題会社、危険な会社 |

どのような、原因から損失が累積したかによって、いろいろさまざまな判断ができますが、いずれにしろ、利益剰余金がマイナスとなっていることを見るだけで一目で会社の過去の状況の悪さが判断できます。

マイナス利益剰余金は、損をしたということですが、記録は、左と右に二面に記録しますから、資産と純資産の両面のマイナスということになります。

利益剰余金のマイナスが大きければ大きいほど、問題会社であり、危険な会社であることが、すぐわかります。

マイナスの大きさで、会社の危険度がはかれます。

実際の例をあげますと、次のとおりです。

財政状態計算書(貸借対照表)
(平成×1年3月31日)
(単位:百万円)

資 産 の 部		負 債 の 部	
流 動 資 産	1,611	流 動 負 債	4
現 金 及 び 預 金	1,338	未 払 金	1
売 掛 金	215	そ の 他	3
そ の 他	49	固 定 負 債	84,834
貸 倒 引 当 金	△1	長 期 借 入 金	61,071
固 定 資 産	4,303	そ の 他	23,763
有形固定資産	3,641	資 産 合 計	84,838
建　　物	1,436	純 資 産 の 部	
構築物ドック船台	1,659	資 本 金	1,786
機 械 装 置	350	利 益 剰 余 金	△80,710
土　　地	179	(うち当期純損失)	(4,058)
そ の 他	17		
投資その他の資産	662		
投 資 有 価 証 券	90		
そ の 他	2,026		
貸 倒 引 当 金	△1,454	純 資 産 合 計	△78,924
資 産 合 計	5,914	負債・純資産合計	5,914

　　　　　　　　　　　　　　　　　　　　　　➡ 利益剰余金のマイナス

(利益剰余金のマイナスは、△印をつけて表示されます。)

14 利益剰余金の大きさで何がわかるの？

　一目で、その会社が優良会社か、危険な会社かを読むには、利益剰余金のプラスとマイナスで超かんたんにわかりますし、その意味やある場所もおわかりになったと思います。
　ここでは、利益剰余金の大きさで何がわかるかを考えましょう。

　利益剰余金は、次のような特徴を持っています。

1　利益剰余金は、その会社の設立から現在までの何十期間の損益を集めたものです。
　　利益剰余金は、設立から現在までの儲けの中から蓄積された部分ですから、これまでの何十期間の損益計算書の結果をあらわしていると考えてよいでしょう。

> **過去の利益の蓄積した金額**

2　利益剰余金は、長期間の経営力（儲けを得る力）をあらわすものです。
　　損益計算は、1年間で終了し、また新たな1年間の損益計算を行います。その繰り返しです。それぞれの1年間の損益計算の結果は、利益であれ、損失であれ、利益剰余金に蓄積され、または、累積され、プラスであれば、そこから配当が株主に分配されます。つまり、毎年、毎年の損益計算の結果は、唯一、利益剰余金に残っていくことになります。

> **長期の経営力がわかる**

3 利益剰余金は、大きくなればなるほど金利のかかる借金（有利子負債）を減らします。
　理論的には、利益剰余金の増加率分だけ、金利のかかる借金（有利子負債）が減るということとなります。

> **金利のかかる借金を減らす**

4 財政状態計算書（貸借対照表）を、一点に絞ると、利益剰余金ということになり、利益剰余金は、金利もかからない、配当金もいらない純粋な資金源泉と考えられます。
　利益剰余金が大きければ大きいほど、会社の長期の経営力が強く安全であると言うことができます。しかし、ためすぎはよくありません。

> **財政状態計算書のカナメを一点に絞ると**
> **利益剰余金の蓄積率！**

ここが **ツボ！**

5 利益剰余金は、現在時点での株主への配当総額になります。
　つまり、会社が、いま解散したら株主への分配額となります。

> **現時点での配当総額**

15 損失の累積額(利益剰余金のマイナス)で何がわかるの？

　一目で、その会社が、問題会社、危険な会社と読み取る超かんたんな方法は、利益剰余金がマイナスであるということを確かめるだけでよいわけです。
　誰にでも、一目でわかる読み方です。
　マイナス利益剰余金は、損失の累積額ですから設立から現在までの何十期間の損益計算の結果が損失がたまってしまったという状態です。
　その状態は、2つ考えられます。
　ずっと、損失が続いて、利益余剰金がマイナスになっている場合。

```
マイナス利益剰余金 ⇐ ┌ 第1期   当期純損失
                      │ 第2期   当期純損失
                      │ 第3期   当期純損失
                      │   ：
                      └ 第15期  当期純損失
```

　また、利益が出ていても、ある期に突然、大きな損失が出て、利益剰余金がマイナスとなった場合。

```
マイナス利益剰余金 ⇐ ┌ 第1期   当期純利益
                      │ 第2期   当期純利益
                      │ 第3期   当期純利益
                      │   ：
                      └ 第35期  大きな当期純損失
```

　利益剰余金のマイナスは、次のような特徴を持っています。

1　利益剰余金のマイナスは、設立から現在までの何十期間の損益計算の結果が、損失のたまった状態で、損失の累積額をあらわします。

> ### 過去の損失の累積した金額

2　マイナス利益剰余金は、会社の長期の経営力（儲ける力）が弱く危険なことをあらわします。

> ### 長期経営力の弱さがわかる

3　マイナス利益剰余金は、実際は、それだけ現金預金が失われたことを意味しますが、それによって、金利のかかる借金（有利子負債）が増えることとなります。

> ### 金利のかかる借金の割合が増加

4　マイナス利益剰余金は、会社の財政状態計算書（貸借対照表）が危険な状態であることを一点にしたもので、危険度をあらわす唯一の指標です。
　　一目でその会社が問題であること、あるいは危険であることを超かんたんに判断するには、利益剰余金がマイナスであることと、その大きさを読むことです。

> ### 問題と危険度をあらわす

5　利益剰余金がマイナスですと、原則として配当はできません。

> ### 原則として配当できない

16 長期蓄積力比率

さて、**利益剰余金の大きさで、会社の優良度が一目でわかる**ことになりますが、実際には14兆円を超える蓄積額を持っている会社もあれば、同じ利益剰余金額でも会社の大きさが違いますし、使っているおカネが小さければ小さいほど効率が高いこととなります。

つまり、会社にはサイズがあり、儲かる業種とそうでない業種がありますから、金額だけで比較することは正確ではありません。

一目で設立から現在までの損益の結果を見るとしたら、比率でもって計算し、比較することが最も良い比較方法と言えます。そこで、**過去の損益の結果をあらわす最も良い比率は、次のような長期蓄積力比率**です。

$$\frac{利益剰余金}{総資産（資産合計）} \times 100\%$$

財政状態計算書（貸借対照表）

総資産（資産合計）：分母	利益剰余金：分子

総資産（資産合計）を分母に、利益剰余金を分子とした超かんたんな指標で過去の業績が一目でわかることとなります。

これまでの研究で、次のことがわかりました。

1　この比率が60％以上になると成長・拡大しつつある会社を除いてほとんどの企業が無借金経営（金利のかかる借金がゼロということ）を実現するということです。もちろん、子会社が借り入れている場合がありますが、その場合は金額がわずかですから、すぐわかります。

2　上場会社の平均の蓄積率は、ほぼ25%前後です。

　日本の会社の蓄積力が高いことがわかります。もちろん、経営力が強いということです。

　このように、過去のその会社の長期の経営力（設立から現在までの儲ける力）は、長期蓄積力比率で超かんたんにわかります。実例で見てみます。

財政状態計算書（貸借対照表）

資産合計　　1,447,878	利益剰余金　　1,414,096

長期蓄積力比率は、次のとおりです。

$$\frac{利益剰余金　[1,414,096]}{資産合計　　[1,417,878]} \times 100\% = 99.7\%$$

この会社は、無借金経営です。
この関係を図で示しますと次のとおりです。

財政状態計算書（貸借対照表）

資　　　産	利益剰余金

　分子の利益剰余金は、設立から現在までの儲けの中から蓄積されてきた利益の合計額であり、分母の資産は、会社の設立から現在までのすべての活動の結果ですから、まさに、**本当の意味の長期の経営力をあらわす、ただ1つの指標**と言ってよいでしょう！

> なお、銀行業、電力会社、保険業、その他金融業は、資産が巨額となりますので、比率が小さくなり比較が難しいので、長期蓄積力比率は、使わずに同業種の比較は、利益剰余金の金額で比較してください。

17 マイナス長期蓄積力比率

　ところで、マイナス利益剰余金の場合の過去の業績が一目でわかる比率を考えてみましょう。

　もちろん、マイナス利益剰余金は、損失の累積額ですから、長期蓄積力比率の分子をマイナスにして計算すればよいと単純に考えられますが、分子はよいのですが分母が問題となります。

　損失が10億円たまっていると考えますと、会計は、前に見ましたように左と右に二面記入ですから、左の資産が10億円減ると同時に、右の純資産（株主持分：出資者持分）も10億円減ります。

　そうすると、いまの分母の資産合計は、10億円減った金額となります。

　大切なことは、もとの資産合計がどれだけ減ったかをあらわさないと指標としての正確さに欠けることとなります。

　そこで、一工夫して、**分母の資産合計を、もとの資産合計にするためには、減った分**、つまりマイナス利益剰余金分をいまの資産合計（減ったままの資産合計）**に足してやれば、もとの資産合計**となります。

　そこで、次のような計算式を使うことになります。

$$\frac{-利益剰余金}{資産合計＋マイナス利益剰余金分} \times 100\%$$

　この計算で、たとえば、−10％と計算されたら、それは、もともとあった資産の10％が、損失で食いつぶされたことを意味することとなります。

財政状態計算書（貸借対照表）

資	負　　債
	残っている純資産
産 損失で失われた資産	純　資　産 損失で失われた純資産

実際の例で見ますと、次のようになります。

資産合計　：分母	△マイナス利益剰余金(分子と分母＋)

実例

資産合計　　13,808,955	利益剰余金　　△ 6,959,318

マイナス長期蓄積力比率は、次のとおり計算します。

$$\frac{利益剰余金　[-6,959,318]}{資産合計　[13,808,955]＋利益剰余金のマイナス分　[6,959,318]} \times 100\% = -33.5\%$$

　この計算式を使うことによって、設立から現在までの、その会社の業績の悪さが一目で、超かんたんにわかることとなります。
　なお、これまでの研究で、**この比率が－40％以下**になりますと、たとえば、－45％、－50％というようになりますと、**確実に倒産します**。もちろん、銀行管理になっていたり、親会社が吸収したり、グループが支えたりして仮に存続していたとしても、事実上は、倒産ということです。

18 利益剰余金の財政状態計算書（貸借対照表）への影響

　利益剰余金は、決算書に、大きな影響をあたえます。

　ここでは、利益剰余金の財政状態計算書（貸借対照表）への影響を見ましょう。

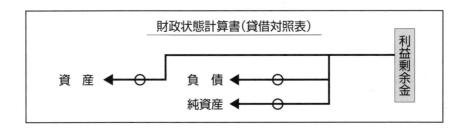

　まず、利益剰余金は純資産へ大きな影響をあたえます。
　利益剰余金は、純資産の一部分ですから、利益剰余金が大きくなればなるほど純資産が大きくなります。
　ところで、財政状態計算書（貸借対照表）の右側は、負債と純資産をあわせて100％ですから、純資産が大きくなれば、負債が小さくなります。
　つまり、**利益剰余金が大きくなればなるほど借金が減る**こととなります。
　これで、**利益剰余金の大きさが純資産と負債に良い影響をあたえる**ことが超かんたんにわかります。
　次に、資産への影響を見ます。
　資産は、流動資産と固定資産（非流動資産）に分けられます。
　財政状態計算書（貸借対照表）の左側の資産は、ふつう、流動資産と固定資産（非流動資産）をあわせて100％となります。

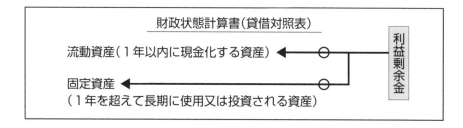

　ところで、利益剰余金のもとは何かと言うと、損益計算書の当期純利益です。
　そして、当期純利益のもとは、売上高ですから、利益剰余金が大きかったということは、結局、売上高が大きかったこととなります。

```
（代　　金）
　　現金預金　30億円　　　　売上高　100億円
　　受取手形　40億円
　　売掛金　　30億円
```

　この売上高が大きいということは、その代金も大きいということです。
　したがって、その代金は、結局、現金預金が大きくなるということです。
　ですから、**一旦は、必ず現金預金が大きくなります**。
　その後は、会社によって、いろいろな投資が行われますから、いろんな資産や研究開発などに使われます。
　いずれにしろ、**現金預金が大きくなると、流動資産が大きくなります**。
　結果として、**固定資産（非流動資産）の割合を小さくし、利益剰余金が大きければ大きいほど資産に良い影響**をあたえます。
　また、**大きくなった現金預金で、金利のかかる借金が返済**されます。
　ですから、**利益剰余金の大きい会社は、金利のかかる借金（有利子負債）が減って、最後には無借金経営が実現**されることとなります。

19 マイナス利益剰余金の財政状態計算書（貸借対照表）への影響

さて、マイナス利益剰余金は、財政状態計算書（貸借対照表）にどのような影響をあたえるのでしょうか。

もうおわかりでしょうが、**マイナス利益剰余金は、財政状態計算書（貸借対照表）の純資産、負債、資産に悪い影響をあたえます。**

まず、純資産への影響を考えます。

マイナス利益剰余金も純資産の一部で純資産を減らしますから、純資産を小さくします。

純資産が小さくなれば、負債（借金）の割合が大きくなります。

マイナス利益剰余金は、損失の累積額で、具体的には、現金預金を減らしますから、その不足を補うためには、一般的には借金することとなります。

つまり、負債が増加します。

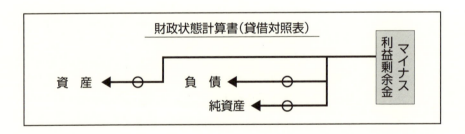

結局、利益剰余金がマイナスになればなるほど、借金が増え、財政状態計算書（貸借対照表）に悪い影響をあたえます。

借金が増えることは、利息の支払いが大きくなるということです。

次に、資産への影響ですが、マイナス利益剰余金のもとは、損益計算書の当期純損失で、その当期純損失のもとは売上高が小さかったことを意味します。

したがって、**売上高が小さかったことは、その代金（現金預金）が小さい**ことを意味します。

結局、利益剰余金がマイナスということは、現金預金が小さくなるということです。

（代　　金）

現金預金　10億円	売上高　50億円
受取手形　20億円	
売掛金　　20億円	

　資産への影響を見ますと、利益剰余金がマイナスになればなるほど、流動資産（現金預金）が小さくなり、固定資産（非流動資産）の割合が大きく借金の負担が大きくなります。

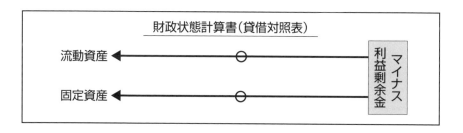

　すなわち、**利益剰余金がマイナスになればなるほど、負債が増加し、流動資産（現金預金）が小さくなり、固定資産（非流動資産）の割合を大きくする**という**悪い循環**となります。

19　マイナス利益剰余金の財政状態計算書（貸借対照表）への影響

20 決算書の中心は、財政状態計算書（貸借対照表）です！

　前述しましたように、決算書は、財政状態計算書（貸借対照表）、損益計算書（包括利益計算書）、そして、キャッシュ・フロー計算書の3つです。
　また、これらの3つの決算書は、つながっています。
　損益計算書とキャッシュ・フロー計算書は、1年間の決算書です。
　毎年、毎年、フレッシュスタートして1年間で終わり、その結果が財政状態計算書に引き継がれていくわけです。
　決算書の関係を、超かんたんに見ますと次のような関係となります。

財政状態計算書（貸借対照表）

現金及び現金同等物	1,000,000		
		利益剰余金	2,000,000

損益計算書（包括利益計算書）

	当期純利益（純損失）	100,000

キャッシュ・フロー計算書

当期純利益（純損失）	100,000
現金及び現金同等物期末残高	1,000,000

　損益計算書は、1年間の決算書で、それが毎年、毎年繰り返され、その1年間の結果が、財政状態計算書（貸借対照表）の利益剰余金に引き継がれていきます。
　キャッシュ・フロー計算書も1年間の決算書で、それが毎年、毎年、繰り

返され、その1年間の結果が、現金預金（または、現金及び現金同等物）になっていきます。

損益計算書の当期純利益（または、当期純損失）、または、税引前当期純利益（または、税引前当期純損失）で始まり、現金及び現金同等物期末残高で終わります。

この現金及び現金同等物期末残高が、財政状態計算書（貸借対照表）の現金及び現金同等物とつながります。

このように、持続可能な会社の決算書で、**結果として、終わりがなく、ずっと、続いていくのは、財政状態計算書（貸借対照表）**となります。

結果として、1年、1年としては、損益計算書（包括利益計算書）とキャッシュ・フロー計算書がとても大切ですが、持続可能な会社としての中心は、財政状態計算書（貸借対照表）ということになり、その中心は、**利益剰余金と現金預金（または、現金及び現金同等物）**ということとなります。

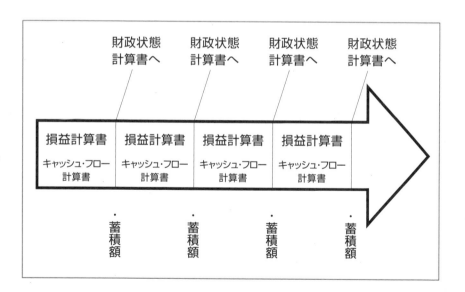

21 財政状態計算書(貸借対照表)のツボは、利益剰余金です！

　前に述べましたように、**利益剰余金**は、その会社の設立から何十期間の損益計算書の当期純利益のたまったもの、または、**当期純損失のたまったもの**ですから、持続可能な会社の最も中心となるものであり、そういう意味では、財政状態計算書（貸借対照表）のツボになるものです。

　たとえば、次の図を見てみましょう（株主出資金・その他が10％の場合）。

1　利益剰余金の資産に対する比率が大きい会社の例（80％の場合）

資 産 100%	負　債	10%
	株主出資金等	10%
	利 益 剰 余 金	80%

2　利益剰余金の資産に対する比率が小さい会社の例（10％の場合）

資 産 100%	負　債	80%
	株主出資金等	10%
	利 益 剰 余 金	10%

　上の図を見ていただければ、利益剰余金の大きさが財政状態計算書（貸借対照表）の右側の負債の大きさを決定づけることがハッキリとわかります。
　また、資産の現金預金を含む流動資産の割合を大きくし、長期間、現金預金に、なりにくい固定資産（非流動資産）を小さくします。
　それでは、利益剰余金がマイナスの場合を見てみますと次のとおりです。

財政状態計算書（貸借対照表：利益剰余金が－30％の場合）

資	負　　債　　60％
70％	残っている純資産　10％
産 （損失で失われた資産　－30％）	純　資　産　30％ （損失で失われた純資産　－30％）

　利益剰余金のマイナスが30％の場合、資産と純資産がともに30％失われることとなり、資産は70％に、負債は変わらず60％、残る純資産は10％となります。
　次に、利益剰余金のマイナスが大きく50％であると仮定した場合には次のような財政状態計算書（貸借対照表）になります。

財政状態計算書（貸借対照表：利益剰余金が－50％の場合）

資 50％	負　　債　　60％
債務超過額	
産 （損失で失われた資産　－50％）	純　資　産　40％ （損失で失われた純資産　－40％）

　利益剰余金のマイナスが50％の場合、資産と純資産がともに50％失われることになりますが、純資産はもともと40％しかないため、それ以上は資産だけが減ることとなります。負債は、損失では減ることはなく、契約ですから返済や免除以外は減りません。資産は50％に、負債は変わらず60％で、借金が60％で返済する資産が50％ですから返済する借金に10％足りません。
　これが**債務超過**と言う状態で、倒産する会社は実際には、こういう状態になっているのです。

２　財政状態計算書（貸借対照表）のツボは、利益剰余金です！

22 財政状態計算書（貸借対照表）で何がわかるの？

1　財政状態計算書（貸借対照表）は、**資産、負債、純資産（資本）** の3つで財政状態をあらわします。

財政状態計算書（貸借対照表）

資産 （おカネ、モノ、権利）	負債 （いろいろな借金額） 純資産（資本） （株主の持分）

2　資産、負債、純資産は、次のように再区分されます。

（資産） 　流動資産 　（1年以内に現金化する資産） 　固定資産（非流動資産） 　（1年を超えて使用又は投資される資産）	（負債） 　流動負債 　（1年以内に返済する借金） 　固定負債（非流動負債） 　（1年を超えて長期に返済する借金） 純資産（資本）

3　IFRSの場合

　IFRSの場合は、少なくとも、次のような3つのパターンがあります。

Ⅰのパターン

資産の部 　非流動資産 　流動資産	資本及び負債の部 　資本 　負債 　　非流動負債 　　流動負債

資産の部と負債の部は、**非流動資産、非流動負債を先に**、負債と資本は、**資本を先に**というパターンです。財政状態を会社に長く残る順番にということです。

Ⅱのパターン

資産 　流動資産 　非流動資産	負債及び資本 　負債 　　流動負債 　　非流動負債 　資本

　これまでどおりの、流動性の順番（早くおカネになる。早く返済する順番）であらわします。**これまでの固定資産が非流動資産、固定負債が非流動負債**になります。

Ⅲのパターン

資産 　非流動資産 　流動資産	負債及び資本 　負債 　　流動負債 　　非流動負債 　資本

　資産は、長く持っている順番で、負債は、逆に返済が早い順番でということです。

　現在のところ、実際のIFRS適用会社においては、Ⅱのパターンが多い状況です。

23 資産(おカネ、モノ、権利)のなかみ その1

　財政状態計算書(貸借対照表)の左側は、おカネの使いみちで、会社が持っている、おカネ(現金、預金など)と、モノ(商品、製品、建物、土地など)と、権利(特許権、株[有価証券]、貸付などの請求権ほか)です。

　資産は、流動資産と固定資産(あるいは非流動資産)に分けられています。流動資産とは、1年以内に現金預金となるおカネ、モノ、権利を言います。具体的には次のとおりです。

流動資産(1年以内に現金預金となるおカネ、モノ、権利)

① **現金預金**
　現金預金は、手元にある現金と当座預金、普通預金、通知預金と1年以内の定期預金です。
② **現金及び現金同等物**
　くわしくは、**44**の「キャッシュ・フロー計算書で現金預金等の流れを読む」などで説明しますが、現金、当座預金、普通預金、通知預金と3ヶ月以内の定期預金などです。
③ **受取手形**
　商売で受け取った約束手形などで、現金預金の請求権利です。ふつうは、3ヶ月ぐらいで現金預金となります。
④ **売掛金**
　ツケで売った商品の請求権利です。ふつうは、2〜3ヶ月で現金預金となります。
⑤ **売上債権または営業債権**
　③の受取手形と④の売掛金の合計のことを売上債権や営業債権という名前であらわします。

⑥ 有価証券（短期金融資産、売却可能金融資産）
　上場会社の株式で、売買目的で1年以内に売却するものです。
⑦ 棚卸資産
　商品（小売店や卸売り店などが完成品を仕入れて持っているモノ）、製品（製造業が完成させたモノ）、仕掛品（製造途中のモノ）、原材料（原料、材料）、貯蔵品（クギや、手袋といった補助材料・原料）、半製品（部品でそのまま売れるモノ）などを言います。
⑧ 短期貸付金
　現金を1年以内の返済の条件で貸した請求権です。
⑨ その他の流動資産
　未収入金（商品・製品以外のものの売却による、まだ入金されていない請求権）や前払金（商品・製品の購入のための前もって払う支払手付金）などの債権で金額が小さなものを集めたもの。金額が大きくなるとその科目名で表示されます。
⑩ 貸倒引当金
　売上債権や短期貸付金に対する貸倒予定額です。

　実際の例をあげますと、次のとおりです。

（単位：百万円）

	平成×0年度 （平成×1年3月31日）	平成×1年度 （平成×2年3月31日）
資産の部		
流動資産		
現金及び預金	311,631	409,509
受取手形及び売掛金	146,182	149,555
販売金融債権	26,713	26,856
商品及び製品	118,788	143,046
仕掛品	20,088	33,979
原材料及び貯蔵品	48,586	25,295
短期貸付金	8,990	90
繰延税金資産	1,963	3,543
その他	83,494	93,416
貸倒引当金	△7,263	△6,312
流動資産合計	759,175	878,980

24 資産(おカネ、モノ、権利)のなかみ その2

　固定資産（あるいは非流動資産）とは、1年を超えて使用、または、投資される資産を言い、有形固定資産、無形固定資産、投資その他の資産に分けられます。具体的には次のとおりです。

固定資産（非流動資産：1年を超えて使用、または、投資される資産）

1　有形固定資産
　形のある1年を超えて使用される資産（モノ）で、以下のとおりです。

- ①　土地
- ②　建物
- ③　構築物（塀、門など）
- ④　機械装置（いろいろな機械や各種の装置など）
- ⑤　船舶
- ⑥　車両（車両運搬具、会社所有の自動車など）
- ⑦　備品（机やいす、テーブル、パソコン、書棚など、工具器具備品とも言う）

2　無形固定資産
　形のない1年を超えて使用される資産で、特許権や実用新案権といった法律上の権利やのれん（営業権）といったものです。

3 投資その他の資産

1年を超えて投資されている資産で、以下のとおりです。

① 投資有価証券（1年を超えて保有する株式や国債、社債など）
② 長期貸付金（1年を超えて貸し付けた現金）
③ 関係会社株式（他の会社の株式のうち、20％以上50％以下の株式を保有している会社の株式：関連会社株式と④の子会社株式を含む）
④ 子会社株式（他の会社の50％超の株式を保有している会社の株式）
⑤ IFRSでは、持分法で会計処理されている投資や長期金融資産、その他の流動資産などが使われています。

実際の例をあげますと、次のとおりです。

（単位：百万円）

	平成×0年度 （平成×1年3月31日）	平成×1年度 （平成×2年3月31日）
固定資産		
有形固定資産		
建物及び構築物（純額）	77,580	82,541
機械装置及び運搬具（純額）	113,112	139,756
工具、器具及び備品（純額）	45,956	51,977
土地	99,173	99,432
建築仮勘定	40,913	13,196
有形固定資産合計	376,736	386,903
無形固定資産	11,669	12,894
投資その他の資産		
長期販売金融債権	53,924	48,228
投資有価証券	72,477	67,251
長期貸付金	4,855	4,562
繰延税金資産	8,889	4,349
その他	44,038	59,873
貸倒引当金	△10,461	△10,234
投資その他の資産合計	173,724	174,031
固定資産合計	562,130	573,829
資産合計	1,321,306	1,452,809

25 負債(借金)のなかみ

　負債は、借金額です。いずれにしろ返さなければならない金額です。資産と同じように、2つに分けられます。
　流動負債と固定負債（非流動負債）です。
　1年以内に返さないといけない借金額（流動負債）と、1年を超えて長期に返してよい借金額（固定負債：IFRSでは、非流動負債と言います）です。具体的には次のとおりです。

1　流動負債
① **支払手形**
　後日、現金預金で支払うことを約束した手形を出したときの借金額です。
② **買掛金**
　商品や原材料を、信用、つまり、ツケで買った借金額をあらわします。
　※①と②をあわせて、**仕入債務**と言います。IFRSでは、このほか、営業債務という言葉も使われています。
③ **未払金**
　商品や、製品、原材料以外のものを、ツケで買ったモノの借金額をあらわします。
④ **短期借入金**（IFRSでは、**短期有利子負債**という言葉などが使われます）
　銀行など金融機関などから1年以内に返す契約で借りた借金額です。
⑤ **1年以内に返済期限が来る長期借入金や、1年以内に償還期限が来る社債**
　固定負債や非流動負債（IFRSで使われます）の長期借入金や社債で1年以内に返済しないといけない金額、または、1年以内に買い取らないといけない社債の借金額です。
　このほか、IFRSでは、**デリバティブ負債**（先物などの金融商品に関係する1年以内に返さないといけない借金額）や、各種の引当金（1年

以内に返さないといけない予定額）などがあります。

2 固定負債（IFRS では、非流動負債）
① 長期借入金（IFRSでは、長期有利子負債とも言います）
　1年を超えて、長期に返す約束で契約した銀行等の金融機関などからの借金額です。
② 社債
　証券会社を通して社債券を発行して、一般の国民などから借りた金利付の長期の借金額です。
③ 退職給付引当金
　従業員が将来、退職した場合の退職金や年金などを確保するために積み立てられた予定額。負債は、ふつう少なければ安全で、多くなればなるほど危険と言われています。

　実際の例をあげますと、次のとおりです。

（単位：百万円）

	平成×0年度 （平成×1年3月31日）	平成×1年度 （平成×2年3月31日）
負債の部		
流動負債		
支払手形及び買掛金	317,355	313,810
短期借入金	87,308	113,984
1年内返済予定の長期借入金	99,381	143,271
リース債務	4,220	4,703
未払金及び未払費用	99,220	106,168
未払法人税等	8,792	8,360
繰延税金負債	238	346
製品保証引当金	24,753	28,273
その他	62,184	68,328
流動負債合計	703,457	787,248
固定負債		
長期借入金	161,390	107,125
リース債務	6,977	6,793
繰延税金負債	26,973	30,103
退職給付引当金	108,602	111,660
役員退職慰労引当金	912	912
その他	47,373	57,738
固定負債合計	352,228	314,333
負債合計	1,055,686	1,101,581

26 純資産(資本)のなかみ

　財政状態計算書（貸借対照表）の右側、おカネの「出どころ」は、**借金額（負債）**と**自己資金額（会社のオーナーの持分）**からなります。
　自己資金額は、純資産（IFRSでは、資本）と言います。

```
Ⅰ　株主資本
Ⅱ　その他の包括利益累計額
Ⅲ　少数株主持分（IFRSでは、非支配持分）
```

　Ⅰの「**株主資本**」は、株主の出資金（法律で**資本金**として決められた額とそれを超えた金額：**資本剰余金**）と、過去の利益の蓄積額である利益剰余金と、市場から買い取った自分の会社の株式（**自己株式**：株主資本からマイナス（△））からなります。

```
（株主資本）
　1　資本金
　2　資本剰余金
　3　利益剰余金
　4　自己株式（△）
```

　Ⅱの「**その他の包括利益累計額**」は、過去の会社の投資（たとえば、株式への長期の投資の値上がりや値下がり分と、海外子会社などの外貨換算の調整額など）の増加分、減少分をあらわします。

　Ⅲの「**少数株主持分**」（**現在**では、**日本もIFRSも、非支配持分**と言います）は、子会社の株式のうち、親会社以外の会社が持っている部分です。子会社はその会社の50％を超えた場合の会社ですから、100％子会社（完全子会社）を除き、50％を超え99.99％までの株式を持つ子会社の場合も、49.9％から0.01％までの株式を持つ場合も、必ず少数株主持分になるというわけです。

この部分は、親会社が支配していませんので非支配持分と言います。

```
（親会社）              （少数株主持分：非支配持分）
 100% ----------------------▶  0%
  90% ----------------------▶ 10%
  80% ----------------------▶ 20%
  70% ----------------------▶ 30%
  60% ----------------------▶ 40%
  51% ----------------------▶ 49%
```

親会社は、他の会社の株式の過半数を所有する会社ですから、親会社が持っている株式以外の株式の所有者は、上のように必ず少数になります。ですから、少数株主持分と言います。

現在では、支配されていない持分ということで非支配持分と言います。

このように、純資産の部には、自己資金の大きさが書かれていますから、この割合が大きい会社は、安全ですが、特に利益剰余金が大きくて純資産額が大きい会社は、過去の経営力が強くて、安全ということがわかります。

前の16で述べました長期蓄積力比率が60％以上であれば、おおよそ、理想的に過去の経営力が強くて安全であるということが言えるわけです。

実際の例は、次のとおりです。

（単位：百万円）

	平成×0年度 （平成×1年3月31日）	平成×1年度 （平成×2年3月31日）
純資産の部		
株主資本		
資本金	657,355	657,355
資本剰余金	432,666	432,666
利益剰余金	△726,028	△688,049
自己株式	△15	△217
株主資本合計	363,976	401,754
その他の包括利益累計額		
その他の有価証券評価差額金	11,327	5,222
繰延ヘッジ損益	2,232	2,980
為替換算調整勘定	△120,542	△69,759
その他の包括利益累計額合計	△106,982	△61,556
少数株主持分	8,626	11,030
純資産合計	265,620	351,227
負債純資産合計	1,321,306	1,452,809

27 IFRSの資産、負債、純資産 その1（資産）

IFRSの資産

　IFRSの資産は、流動資産と非流動資産に分けられます。

　非流動資産は、これまでの固定資産のことです。

　資産の表示の例としては、次のようなものがあげられます。

（表示1）NI社	（表示2）H社
非流動資産	**非流動資産**
のれん	有形固定資産－純額
無形資産	のれん
有形固定資産	無形資産
投資不動産	持分法で会計処理される投資
持分法で会計処理される投資	長期金融資産
売上債権及びその他の債権	その他の非流動資産
売却可能金融資産	繰延税金資産
デリバティブ金融資産	
繰延税金資産	
未収法人所得税	
流動資産	**流動資産**
棚卸資産	棚卸資産
未成工事支出金	売上債権及びその他の債権
売上債権及びその他の債権	その他の短期金融債権
売却可能金融資産	未収法人所得税
デリバティブ金融資産	その他の流動資産
現金及び現金同等物	現金及び現金同等物

　（表示1）は、非流動資産を先に、流動資産を後に表示します。
　　そして流動資産の最後に現金及び現金同等物となっています。
　（表示2）は、（表示1）と同様ですが、各科目の並べ方が違っています。

（表示3）ND社	（表示4）NT社
流動資産	**流動資産**
現金及び現金同等物	現金及び現金同等物
営業債権及びその他の債権	営業債権
棚卸資産	棚卸資産
その他の金融資産	未収法人所得税
その他の流動資産	デリバティブ資産
小計	その他
売却目的で保有する非流動資産	
非流動資産	**非流動資産**
有形固定資産	有形固定資産
のれん	無形資産
無形資産	投資不動産
投資不動産	投資有価証券
退職給付に係る資産	繰延税金資産
持分法で会計処理される投資	その他
その他の金融資産	
繰延税金資産	

（表示3）は、流動資産、非流動資産の順で、これまでの日本基準と同じですが、固定資産の部が非流動資産となっています。
（表示4）も同様です。
　また、（表示3）、（表示4）とも、流動資産のトップに、従来と同じく現金及び現金同等物が配列されています。

28 IFRSの資産、負債、純資産 その2（負債、純資産）

1 IFRSの負債

IFRSの負債は、流動負債と非流動負債に分けられます。

非流動負債は、これまでの固定負債です。

負債の表示の例としては、次のようなものがあげられます。

（表示1）NI社	（表示2）H社
流動負債 　社債及び借入金 　デリバティブ金融負債 　仕入債務及びその他の債務 　未払法人所得税 　引当金 　繰延収益 　売却目的で保有する資産に 　直接関連する負債 **非流動負債** 　社債及び借入金 　デリバティブ金融負債 　仕入債務及びその他の債務 　繰延税金負債 　未払法人所得税 　退職給付引当金 　引当金 　繰延収益	**非流動負債** 　長期有利子負債 　その他の長期金融負債 　退職給付引当金 　その他の引当金 　その他の非流動負債 　繰延税金負債 **流動負債** 　短期有利子負債 　仕入債務及びその他の債務 　その他の短期金融負債 　未払法人所得税 　その他の引当金 　その他の流動負債

（表示1）は、**流動負債、非流動負債の順**です。
　　また、社債及び借入金は、短期・長期という名前はつけていません。
（表示2）は、**非流動負債、流動負債の順**です。
　　また、社債や借入金は、長期有利子負債、短期有利子負債という名前が使われています。
（表示3）は、**流動負債、非流動負債の順**で短期借入金、長期借入金の名前がそのまま使われています。
（表示4）は、**流動負債、非流動負債の順**です。

(表示3) ND社	(表示4) NT社
流動負債 　短期借入金 　1年以内返済予定の長期借入金 　営業債務その他の未払勘定 　デリバティブ負債 　和解費用引当金 　未払法人所得税等 　その他 **非流動負債** 　長期借入金 　繰延税金負債 　従業員給付 　資産除去債務 　和解費用引当金 　政府補助金繰延収益 　その他	**流動負債** 　営業債務及びその他の債務 　社債及び借入金 　未払法人所得税等 　その他の金融負債 　引当金 　その他の流動負債 　　　　小計 　売却目的で保有する非流動資産に 　直接関連する負債 **非流動負債** 　社債及び借入金 　その他の金融負債 　退職給付に係る負債 　引当金 　その他の非流動負債 　繰延税金負債

2　IFRSの純資産

IFRSの純資産は、資本と表示されます。

資本の表示の例としては、次のようなものがあげられます。

(表示1)	(表示2)
資本 　資本金 　資本剰余金 　自己株式 　その他の資本剰余金 　利益剰余金 　累積その他の包括利益 　親会社の所有者に帰属する持分 　非支配持分	**資本** 　資本金 　資本剰余金 　自己株式 　その他の資本の構成要素 　利益剰余金 　親会社の所有者に帰属する持分 　非支配持分

29 損益計算書のなかみ

　あなたの昨年1年間が赤字であったか、黒字であったかは、あなたの昨年1年間の収入と支出を比べれば、わかります。
　会社は、儲けを得るために事業を行っています。
　会社の収入は、商品や製品やサービスを売って、得られます。
　そのほかにも余った資金の貸付による利息の収入などの儲けもあります。

（家庭） 収入と支出	（会社） **商品、製品、サービスの売却** **利息の受取**

　会社の支出は、商品や原料・材料の仕入代金、従業員への給料、交通費、電話代などの通信費、家賃の支払や、販売や管理にかかる費用、修繕にかかる費用などです。

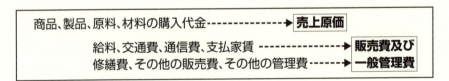

　このほかにも、会社が活動していくためにおカネが必要となってした借金による金利の支払である**支払利息**などがあります。

支払利息

会社の場合、株主や、従業員、取引先など、いろいろな人が関係しているので、その年の正しい経営活動を写し取った、正しい儲けを計算する必要があります。

　正しい配当、適切なボーナスの支給、正しい税金の支払のためなどです。

　そこで、会社の場合の儲け額の計算では、現金預金の収入・支出をもとにして、後で代金を受け取る約束で売ったり、あとで代金を支払う約束で買ったりする、ツケ売りやツケ買いを含めて収益や費用とします。

　また、建物や機械や備品は、その使う予定の期間にわたって費用として（**減価償却費**）計算したりするわけです。

ツケ売り、ツケ買い、減価償却費

30 商売の大きさ

商売の大きさは、売上高と営業収益であらわされます。

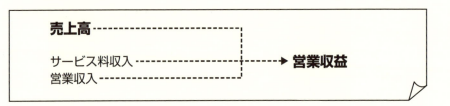

売上高は、デパートといった物品の販売や製造業の物品の販売に使われるのがふつうです。

営業収益は、サービス業で営業収入とか使われますが、いまでは、物品販売も含めて一般に使われています。

また、売上収益が使われる場合もあります。

```
------( 営業収益が使われる業種 )------
 物品販売業(デパート、スーパー、専門店など)
 製造業、サービス業
```

ただし、次の点を注意してください。

1. 売上高や営業収益は、現金収入を意味しているのではなく、ツケの代金も含まれていますから、キャッシュ・フロー計算書の現金預金の売上高とは、違ってきます。

このツケの代金（受取手形や売掛金＝売上債権：営業債権）が回収されないと、商売が大きくとも体質が弱いこととなります。

```
［売上の代金（営業収益の代金）］

現金預金

受取手形 ┄┄┄┄┄┄┄┄┄┄┄┄┄┄▶ ［ツケの代金］
売 掛 金 ┄┄┄┄┄┄┄┄┄┄┄┘
```

2 商売が大きくとも、それにかかる犠牲や費用が売上（営業収益）よりも大きければ、損失が出て、何にもならないこととなりますから、営業費用（売上原価と販売費及び一般管理費など）の大きさとの関係も大切になるということです。

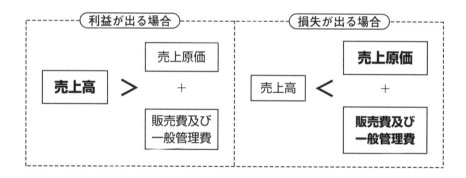

30 商売の大きさ

31 商売上の利益の計算
―売上高と売上原価、そして粗利益―

損益計算は、いろいろな形で何段階に分かれて計算されます。
まず、**最初に計算される損益は、売上総利益（粗利益）**です。

```
    売上高（営業収益）    ：売上数量×1個当たり売上単価
 －）売上原価             ：売上数量×1個当たり購入単価
    売上総利益            ：売上数量×（売上単価－購入単価）
```

物品販売業や製造業では、必ず、このような計算が必要となります。

```
ヴィトンのカバン   （買ったときの値段）  （売ったときの値段）   粗 5
                       5万円      ⇨       10万円      ⇨   利 万
                                                           益 円
```

1　売上原価

売上原価は、売上高に直接対応するものです。

売上高は、売ったときの値段ですが、売上原価は、売ったモノの買ったとき（仕入れ）の値段です。

商売をする人は、買った値段に自分が必要とする利益を考えて、売値を決めるわけですから、売った値段と買った値段を知らないで商売をする人はいません。

したがって、この売上高と売上原価は、自然に直接対応することとなりますから、まず、この計算が行われるわけです。

2　売上総利益（粗利益）

```
    売上高              売上原価
（売ったときの値段）10万円 －（買ったときの値段）5万円 ＝ **売上総利益**
                                              5万円
```

　上の式で見ましたように、直接対応する売った値段から買った値段を差し引けば、つまり、売上高と売上原価を比較して差し引けば、かんたんに利益が計算され、これを**売上総利益**、ふつう、商売人は、**粗利益**と呼んでいます。

```
　　　500円で仕入れた商品を1,000円で売れば、
　　　500円の粗利益（売上総利益）が計算されます。
```

　売上総利益が表示されていなくとも、売上高（営業収益：売上収益）と売上原価は、必ず表示されますから差し引き計算すれば、粗利益は計算できます。

3　売上総損失

```
    売上高              売上原価
（売ったときの値段）5万円 －（買ったときの値段）6万円 ＝ **売上総損失**
                                              1万円
```

　この場合、買ったときの値段が6万円なのに売った値段が5万円ですから、損が1万円出たということです。
　それが**売上総損失**ということです。

32 本業の利益(営業利益)の計算

これまでは、**本業の利益（営業利益）**が、**非常に重要な利益**とされてきました。

> 本業とは、その会社の営業目的で行われる活動のことで、その活動から得られる利益が本業の利益、すなわち、営業利益です。
> トヨタ自動車なら自動車の販売から計算される利益のことであり、パナソニックなら電化製品の販売から計算される利益のことです。

[計算の仕方]

```
   売上総利益
 － 販売費及び一般管理費（販売にかかる費用や会社の全般管理にかかる費用）
   営業利益
```

1 販売費及び一般管理費
会社が、目的としている営業の収益を得るために必要な、つまり、広告宣伝費や営業マンの給料や、旅費交通費などの販売費や、会社の全般管理に必要な役員報酬や給料、減価償却費などを販売費及び一般管理費と言います。

2 営業利益の計算
結局、営業利益計算は、次のように売上高（営業収益：売上収益）から先に見ました売上原価と販売費及び一般管理費を差し引いて計算されることとなります。

Ⅰ		売上高	1,000
Ⅱ	−	売上原価	−500
		売上総利益	500
Ⅲ	−	販売費及び一般管理費	−300
		営業利益	200

　会社にとっては、この**本業の利益（営業利益）こそが、利益の中心となる利益**です。
　なぜなら、その会社の経営目的の活動から得られる利益だからです。
　経営は、どんなことがあっても、この本業の利益が中心でなければならないのです。

3　営業損失の計算

　営業利益計算が、次のように売上高より費用のほうが大きい場合には、営業損失となります。

Ⅰ		売上高	1,000
Ⅱ	−	売上原価	−900
		売上総利益	100
Ⅲ	−	販売費及び一般管理費	−300
		営業損失	200

33 販売費及び一般管理費とは、何なの？

販売費及び一般管理費とは、前の32でも説明したように、会社が目的としている営業の収益を得るために必要な、つまり、広告宣伝や営業マンの給料や、旅費交通費などの販売費や、会社の全般管理に必要な役員報酬や給料、減価償却費などを言います。

くわしくは、次にあげるとおりです。

①	販売手数料	モノを販売してもらうための販売員などに対する契約上の手数料です。
②	広告宣伝費	テレビのコマーシャル代や、新聞への広告料などの宣伝費のことです。
③	荷造運賃（支払運送料）	商品や製品の発送運賃や梱包料とかを言います。
④	支払保険料	運送中の保険や火災保険にかかる保険料です。
⑤	役員報酬	役員に対する給料です。
⑥	給料手当	従業員に対する給料と諸手当を言います。
⑦	賞与、賞与引当金繰入額	従業員に対するボーナス、その支給予定額です。
⑧	退職給付費用、退職給付引当金繰入額	従業員への将来の退職金または年金のその年度の予定額です。
⑨	役員退職慰労引当金繰入額	役員に対する将来の退職慰労金のその年度の予定額です。
⑩	法定福利費	法律上、会社が負担しなければならない健康保険料、失業保険料などの費用です。
⑪	福利厚生費	従業員や役員のために会社が平等に支出する結婚祝い金、出産祝い金や香典等の厚生費です。

⑫	人件費	⑤から⑪までをまとめて人件費と言います。
⑬	支払家賃、支払賃借料	建物などの家賃や賃借料です。
⑭	研究開発費	販売費及び一般管理費に表示される研究費と開発費です。
⑮	減価償却費	建物や機械装置、備品、車両等の償却資産を使い、または時間の経過で生じる価値の減少額を計画的に計算した費用です。

ちょっとした知識

　ふつう、上の①〜⑮の科目は、損益計算書などでは、販売費及び一般管理費として一括して表示されることが多いと思います。
　そのような一括表示の場合、注記＊で主要な科目が示されます。なお、上の①〜⑮のような科目で表示される場合もあります。

＊注記とは、その科目や金額のくわしい説明や明細を示すことです。

34 本業以外の収益と費用とは、何なの？

　会社の経営活動には、どうしても必要な（たとえば、おカネの借入れなど）本業以外の活動によって生じる収益と費用があります。

（営業外収益と営業外費用）	（特別利益と特別損失）
本業以外で本業とともに必要な業務から毎年生じる収益・費用	異常な利益、異常な損失、臨時の利益、臨時の損失、特別な利益、特別な損失

1　営業外収益
　具体的には、次に示すとおりです。

①	**受取利息と受取配当金**	銀行預金や国債、社債などの利息の受取が受取利息、株式保有から配当金を受け取るのが受取配当金です。
②	**有価証券売却益** （売買目的有価証券売却益）	上場会社の株式で1年以内に売却する目的で持っている株式を売却した場合の売却益です。
③	**有価証券評価益**	上場会社の株式で1年以内に売却する目的で持っている株式が決算日に値上がりした場合の評価益です。 ↓ 　1年以内に売却する上場会社の株式の値上がりによる利益など

なお、次の35でもくわしく説明しますが、営業外収益は、IFRSでは無くなり、ほとんどが**金融収益**［または**財務収益**］となります。

2　営業外費用

具体的には、次に示すとおりです。

①	**支払利息**	銀行等の金融機関などからの借入れから生じる金利の支払です。
②	**有価証券売却損**	上場会社の株式で1年以内に売却する目的で持っている株式を売却した場合の売却損です。
③	**有価証券評価損**	上場会社の株式で1年以内に売却する目的で持っている株式が決算日に値下がりした場合の評価損です。 ⬇ 1年以内に売却する上場会社の株式の値下がりによる損失など

なお、次の35でもくわしく説明しますが、この**営業外費用**も、IFRSでは無くなり、ほとんどが**金融費用**［または**財務費用**］となります。

35 IFRSでは経常利益が無くなります！

　これまで、株主、投資家、アナリスト、証券関係者、そして、市場関係者が、損益計算の中心と考え、最も、重要視していた利益は、次のように営業利益に、前の34の営業外収益を足し、営業外費用を差し引いた**経常利益**というものです。
　IFRSでは、この経常利益（一般に「ケイツネ」と呼ばれていました）が無くなります。

営業利益	200
＋営業外収益	＋100
－営業外費用	－150
経常利益	150

　この場合も、この計算がマイナスとなると**経常損失**となります。

1　特別利益

　IFRSでは無くなり、**金融収益**［または**財務収益**］に入らないものは、**その他営業収益**［または**その他販売収益**、あるいは**その他収益**］となります。
　これまでの異常な利益、臨時の利益、特別の利益は、この区分に入る利益です。
　会社が、正常な状態での活動により得た経営に関する利益は、これまでの経常利益であらわされます。
　これに対して、過去の修正益とか、過去の過大費用の修正益とか、長期の投資の売却益などは、異常な利益、臨時の利益、特別の利益として、この年の経営活動とは関係のない利益であるとしても、利益は利益ですから、この区分で表示されます。

具体的には、次のとおりです。

①	固定資産売却益	建物などの売却によって正常となった過去の過大減価償却費の修正益や、臨時の、あるいは特別な土地の売却益のことです。
②	前期損益修正益や異常な為替利益など。	

2　特別損失

　IFRSでは無くなり、金融費用［または財務費用］に入らないものは、その他営業費用［またはその他販売費用、あるいはその他費用］となります。
　過去の修正損とか、過去の過少費用の修正損とか、長期の投資の売却損などは、異常な損失、臨時の損失、災害の損失など、この年の経営活動とは関係ない損失であるとしても損失は損失ですから、この区分で表示されます。
　具体的には、次のとおりです。

①	災害損失	災害による損失です。
②	固定資産売却損	売却によって正常となった過去の過少減価償却費の修正損や、臨時の、あるいは特別な土地の売却損のことです。
③	前期損益修正損や異常な為替損失など	
④	減損損失	持ってる土地や建物がその価額に見合う利益が得られなくなったことに伴う価額の強制引き下げによる損失などです。

36 税引前当期純利益(税引前当期純損失)と当期純利益(当期純損失)とは、何なの?

1 税引前当期純利益または税引前当期純損失

　税引前当期純利益または税引前当期純損失は、これまでの経常利益または経常損失に前の35で説明した特別利益を足し、特別損失を差し引いて計算されます。

　IFRSでは、経常利益または経常損失は無くなりますが、税引前当期純利益または税引前当期純損失は、必ず表示されます。

従来の表示の仕方	
経常利益	150
＋特別利益	50
－特別損失	100
税引前当期純利益	100

　税引前当期純利益または税引前当期純損失は、税金を引く前の利益ですから、会社にとっても、株主にとっても、**絶対に必要な利益額**です。

　なぜなら、その会社のすべての収益、利益とすべての費用、損失の結果ですから、その会社のためにも、株主にとっても絶対に必要な利益額であるからです。

　税引前当期純損失の場合は、当期純損失であれば、ふつうに考えると税金はかかりませんから、おかしいと思う方もおられるかもしれませんが、税金をかけられる純利益は、税法上の課税される所得ということで、会計上、当期純損失であっても税金をかけられる場合があるからです。

2 当期純利益または当期純損失

　この税引前当期純利益または税引当期純損失から**法人税等（法人税、事業**

税、住民税）が差し引かれ、当期純利益または当期純損失が計算されます。

税引前当期純利益	100
法人税等	43
当期純利益	57

　当期純利益または当期純損失は、その会社のその年度の最終利益です。ただし、過去のその会社の1年を超える長期の投資から生じている資産等の現在の価値（たとえば、時価）は、決算時点で、その投資の最終結果ではありません。
　しかし、その年ごとに変わりますから、資産や負債の決算期ごとの評価をしなければ、過去の投資の成功、失敗を判断することができません。
　そこで、この当期純利益または当期純損失に、これらの評価益や評価損などの差額を加減して、38の包括利益を計算することとなります。

3　連結決算書の場合

　連結決算書では、税引前当期純利益は、税金等調整前当期純利益という名前で表示され、税引前当期純損失は、税金等調整前当期純損失となります。

```
（個別決算書）                （連結決算書）

税引前当期純利益 --------------▶ 税金等調整前当期純利益

税引前当期純損失 --------------▶ 税金等調整前当期純損失
```

　なお、IFRSでは、連結決算書でも税引前当期利益、税引前当期損失が使われます。

37 真の経営上の利益
―持続可能利益―

　ここでは、企業が、将来的にも、継続して社会に貢献し続けるための利益をあげているかどうかを判断する利益額（**持続可能な利益額**）を見てみましょう。

　IFRSのように、株主のための損益計算書であろうが、これまでの日本基準のように本業を中心とした会社経営のための損益計算書であろうが、最も大切なことは、会社ができる限り、強く、安全で、長生きして社会に役に立っていこうとすることです。

　それは、株主であれ、従業員であれ、その他の利害関係者であれ、歓迎されることはあっても、否定できないはずです。

　国際社会が株主・投資家中心の国際会計基準で統一されるとしても、偏った株主のためのものであってはならないと考えられます。

　特に損益計算書（包括利益計算書）を読み取る場合には、会社が、これからも維持され、続いていくという利益額と利益率があるはずです。

　それには、その会社の目的である本業で生きられるかどうかということが読み取れなければならないのです。

　なぜなら、会社は、本業の目的で設立され、持続して社会に役立っていくからです。

　本業の利益（これまでの営業利益）は、先に説明したように、次のような計算式で計算されます。

本業の利益＝売上高 － 売上原価 － 販売費及び一般管理費

　しかし、これだけでは、真の持続可能な利益とは言えません。
　ここでは、**会社経営に必要不可欠な借金の金利が差し引かれていないから**

です。
　また、持っている現金預金の利用による必要不可欠の利息や配当金の受取が無視されています。
　このような本業につきものの、支払利息関係や受取利息・受取配当金は、真の経営上の利益額にかかわらせなければならないのです。
　そこで、分析上で必要な、真の経営上の利益額（持続可能利益と名づけます）は、次のように計算します。

持続可能利益＝売上高　－　売上原価　－　販管費
　　　　　　　＋　受取利息・受取配当金　－　支払利息関係

　これは、次のように言うことができます。
　どんな考え方を取ろうとも、会社の本業の利益額は、前のページに見たとおりです。
　そして、その本業の利益額は、利益剰余金の影響を受けないのです。
　ところが、**受取利息・受取配当金と支払利息関係**（支払利息という名前だけでなく、**社債利息とか有価証券利息などといった科目もありますから**）は、利益剰余金の影響を大きく受けるわけですから、過去の歴史の結果も反映してこそ、真の持続可能な経営上の利益額が計算されなければならないと考えられます。
　このような観点からも、**持続可能利益が1年間の真の経営上の利益**と考えられるわけです。

38 包括利益とは、何なの？ その1

　すでに、損益計算書と連動して、連結損益計算書と連結包括利益計算書となっている会社もあれば、連結包括利益計算書、単独で当期純利益と包括利益を示している会社もあるように、**新しい利益の表示として包括利益を最終利益として示す形**になっています。

　例をあげると、次のとおりです。

1　実例1　ＮＴ社の場合

　【連結損益計算書】
　　売上総利益
　　営業利益
　　税引前利益
　　当期利益
　【連結包括利益計算書】
　　当期利益
　　その他の包括利益
　　当期包括利益

　この場合、IFRSを適用している会社の場合、営業利益は、これまでの本業の利益ではなく、金融収益・金融費用（財務収益・財務費用）を除いて、異常な利益、異常な損失を含めた事業利益となっています。

　以下の実例の会社でも同じです。

　また、このＮＴ社の場合、連結損益計算書と連結包括利益計算書に分けています。

2　実例2　ＮＩ社の場合

　【連結損益計算書及び連結包括利益計算書】
　　（連結損益計算書）
　　　売上総利益
　　　営業利益
　　　税引前損失
　　　　当期損失
　　（連結包括利益計算書）
　　　当期損失
　　　その他の包括利益
　　　当期包括利益合計

このNI社の場合も、連結損益計算書と連結包括利益計算書となっています。

3 実例3　ND社の場合

[連結包括利益計算書]
　売上総利益
　営業利益
　税引前当期利益又は税引前当期損失（△）
　当期利益又は当期損失（△）
　その他の包括利益
　当期包括利益合計

このND社の場合、連結包括利益計算書単独です。

4 実例　4　S社の場合

[連結包括利益計算書]
　売上総利益
　営業活動による利益
　税引前利益
　当期利益
　その他の当期利益
　当期包括利益合計

このS社の場合も、連結包括利益計算書単独です。

5 実例　5　H社の場合

[連結包括利益計算書]
　税引前当期利益
　当期利益
　その他の包括利益
　当期包括利益（損失）

このH社の場合は、IFRSの営業利益も出しておりません。違法ではないのですが不親切ですね。

39 包括利益とは、何なの？ その2

1　包括利益とは

包括利益とは、当期利益（又は当期損失）と、その他包括利益（又はその他包括損失）の合計額を言います。

つまり、これまでは、当期純利益（又は、当期純損失）がその年度の最終利益であったのが、これにその他包括利益（又はその他包括損失）を加えて包括利益（又は包括損失）を最終利益とすることになったのです。

2　その他包括利益（又は、その他包括損失）とは

その会社の、過去の投資の利益または損失を、当期利益（又は当期損失）と別にとらえて、まだ投資の途中であるけれどもその利益と損失をとらえておくために、損益計算書とは別に計算・表示されます。

それゆえ、損益計算書とは別に包括利益としてとらえます。

なぜなら、その投資は、完結（終了）するのに長期間の時間を必要とするので、損益計算書とは別にとらえるわけです。

財政状態計算書（貸借対照表）との関係は？

（損益計算書または包括利益計算書）	財政状態計算書（貸借対照表）
当期純利益(又は当期純損失) ----------------▶	利益剰余金
その他包括利益(又はその他包括損失) --------▶	その他包括利益累計額

その他包括利益の実例は、長期の上場会社の株式への投資の各決算時点での時価との比較による値上がり額と値下がり額などです。

40 IFRSの損益計算書 その1

ここでは、損益計算書について、これまでの日本の基準とIFRS（国際財務報告基準）の違いを比較して見ていきます。

日本基準 （会社のための利益の区分）	IFRS （株主のための利益の区分）
Ⅰ　売上高 Ⅱ　売上原価 　　売上総利益 Ⅲ　販売費及び一般管理費 　　営業利益（本業の利益） Ⅳ　営業外収益 Ⅴ　営業外費用 　　経常利益 Ⅵ　特別利益 Ⅶ　特別損失 　　税引前当期純利益 　　法人税等 Ⅷ　当期純利益	Ⅰ　売上高 Ⅱ　売上原価 　　売上総利益 Ⅲ　販売費及び一般管理費 　　その他営業収益（その他の収益） 　　その他営業費用（その他の費用） 　　営業利益（事業の利益） Ⅳ　金融収益（財務収益） Ⅴ　金融費用（財務費用） 　　税引前当期利益 　　法人税等 Ⅵ　当期利益 　　過去の投資資産の評価差額 　　（包括利益）

1　日本の基準とIFRSの違い

最初に知っておいていただきたいことは、これまでの**日本の基準は、会社の利益を正しい経営の利益として必要な利益額と投資家保護**という観点から、会社の目的である本業の売上高（営業収益）と本業の費用（売上原価と販管費）から**本業の利益（営業利益）を計算**し、また本業以外の収益（受取利息、受取配当金など）と本業以外の費用（支払利息など）を対応させて経常利益

を計算し、これに異常な損益を対応させるという形で税引前当期純利益と当期純利益を計算する仕組みでした。

これに対して、IFRSでは、あくまでも株主と投資家のための損益計算を考えるわけです。

IFRSの視点では、**株主と投資家にとっては、本業だろうと本業以外であろうと、損益に変わりはない**わけです。

ただし、利息と配当金の収益や支払利息は事業というより金融の収益であったり、金融の費用であり、また金融商品の関係もあって、事業利益とは別の次元としてとらえるのです。

2つの基準を整理すると、次のとおりです。

日本基準は、会社経営と投資家保護のための利益区分です。

```
  従来の日本基準 ----------------▶ 会社経営のための利益区分
```

IFRSは、株主・投資家のための利益区分です。

```
  IFRS ----------------------▶ 株主・投資家のための利益区分
```

以上のことから、結果として日本基準は、会社経営のためとなり、IFRSは株主のためと言っても間違いではありません。

2 IFRSの収益、費用区分

IFRSは、財政状態計算書も包括利益計算書も簡素化し、詳細については**注記(別紙資料でくわしく明細を記載する方法)で示す**ということが大前提です。

もちろん、従来の日本基準でも注記を利用してきたのですが、IFRSのそれは、徹底しているわけです。

　ですから、**IFRSの決算書でも、注記を利用すれば、これまでの日本基準の損益計算による分析と同様に、会社の真の経営状態を分析することが可能**です。

　ただ、株主が、知りたい利益というものは、最低、最終の利益を中心としますから、税引前当期利益と当期利益は必要不可欠です。

　これに加えて、過去の投資資産の決算時点での再評価（公正価値：現在の売却時価）が必要となりますから、包括利益ということとなります。

3　税引前当期純利益、税引前当期利益、当期純利益、当期利益

　純をつけるかつけないかの問題であって、純をつけようがつけまいが関係なくまったく同じです。

　IFRSでは、つけないのが多いのですが、趣味の問題だと思います。

41 IFRSの損益計算書 その2

1 営業利益の違い

これまでの日本基準でいう営業利益と、IFRSの営業利益では、中身が違います。

これまでの日本基準 営業利益 ----------▶ 本業の利益	IFRS 営業利益 --▶ 事業利益（全事業利益）
	これまでの日本基準の営業利益に営業外収益、営業外費用、特別利益、特別損失に含まれる金融収益（財務収益）と、金融費用（財務費用）を除いた収益と費用を、その他営業収益（その他収益）と、その他営業費用（その他費用）として加えたり、差し引いた額を営業利益としています。 言ってみれば、経営活動のうち、金融収益・費用を除く事業利益（全事業利益）と考えられます。

日本基準は、会社のための正しい会計（投資家の保護も含めて）ですから、**経営目的である営業活動から生じる正常な利益が最も重点となる利益**です。

これに対してIFRSは、株主・投資家のための会計です。

したがって、**金融収益・金融費用を除いた全事業（正常も・異常も含めた）に関する利益が重点となる利益**となります。

2　日本基準の営業外損益、特別損益とIFRSのその他営業収益・費用の関係

これまでの日本基準	IFRS
（営業外収益） 受取利息・受取配当金 有価証券売却益 有価証券評価益 金融商品評価益 雑益 **（営業外費用）** 支払利息 有価証券売却損 有価証券評価損 金融商品評価損 雑損 **（特別利益）** 固定資産売却益 前期損益修正益 異常な為替差益 投資有価証券売却益 **（特別損失）** 固定資産売却損 前期損益修正損 異常な為替差損 投資有価証券売却損 事業構造改善費用 減損損失 災害損失	**（その他営業収益又はその他収益）** 雑益 固定資産売却益 前期損益修正益 **（その他営業費用又はその他費用）** 雑損 固定資産売却損 前期損益修正損 事業構造改善費用 減損損失 災害損失 **（金融収益又は財務収益）** 受取利息・受取配当金 有価証券売却益 有価証券評価益 金融商品評価益 投資有価証券売却益 為替差益 **（金融費用又は財務費用）** 支払利息 有価証券売却損 有価証券評価損 金融商品評価損 投資有価証券売却損 為替差損

　これまでの日本基準の営業外収益・営業外費用と特別利益・特別損失が無くなり、営業外収益だった受取利息・受取配当金、有価証券売却益、有価証券評価益、金融証券評価益が金融収益又は財務収益へ区分され、雑益はその他営業収益またはその他収益へ区分されます。

　営業外費用だった支払利息、有価証券売却損、有価証券評価損、金融商品評価損が金融費用または財務費用へ区分され、雑損はその他営業費用またはその他費用へ区分されます。

　また、これまで特別利益だった固定資産売却益、前期損益修正益がその他営業収益またはその他収益へ区分され、異常な為替差益、投資有価証券売却益は、金融収益または財務収益へ区分されます。

　特別損失だった固定資産売却損、前期損益修正損、事業構造改善費用、減損損失、災害損失がその他営業費用又はその他費用へ区分され、異常な為替損失、投資有価証券売却損は、金融費用または財務費用へ区分されます。

42 利益剰余金の損益計算書（包括利益計算書）への影響

　利益剰余金の損益計算書（包括利益計算書）への影響は、**受取利息と受取配当金と支払利息関係を通して大きな影響**をあたえます。

1　売上高から営業利益（本業の利益）の区分

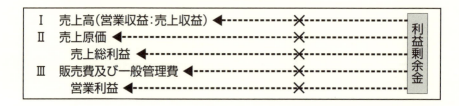

　この売上高から営業利益までの区分、つまり売上高、売上原価、売上総利益、販売費一般管理費、そして営業利益には、利益剰余金は影響をあたえません。なぜなら、利益剰余金は、過去の利益の蓄積額であり、売上高から営業利益までの区分は、いま現在の活動をあらわしているからです。

2　これまでの営業外収益・営業外費用の区分

　これらの区分では、財政状態計算書（貸借対照表）の借入金への影響から支払利息に影響します。利益剰余金が大きくなればなるほど、金利のかかる

借入金が減り、資産の60％以上になると無借金経営が実現する可能性が高くなりますから、支払利息はゼロに近づき小さくなります。また、一旦必ず、現金預金が大きくなりますから、利息や配当金を大きく稼げます。つまり、利益剰余金は、利息や配当金に大きな影響をあたえることとなります。

この結果が、それ以後の税引前利益、当期利益、そして包括利益に影響します。

3　従来の特別利益・特別損失、税引前当期利益、当期利益、包括利益の区分

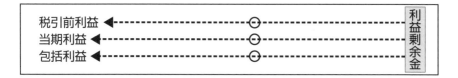

これらの区分は、営業外収益（受取利息と受取配当金）と営業外費用（支払利息関係）の影響を受けていますから、結果として、利益剰余金はこの区分に大きな影響をあたえることとなります。

結局、利益剰余金の損益計算書（包括利益計算書）への影響は、売上高から営業利益の区分には影響をあたえませんが、支払利息関係と受取利息・受取配当金を通して、それ以後の利益に大きな影響をあたえるのです。

43 マイナス利益剰余金の損益計算書（包括利益計算書）への影響

マイナス利益剰余金の損益計算書（包括利益計算書）への影響は、**受取利息と受取配当金と支払利息関係**を通して大きな影響をあたえます。

1　売上高から営業利益（本業の利益）の区分

```
Ⅰ　売上高（営業収益：売上収益） ◄----------×----┐ マイナス
Ⅱ　売上原価 ◄----------------------×----┤ 利益
　　売上総利益 ◄-----------------------×----┤ 剰余金
Ⅲ　販売費及び一般管理費 ◄-----------×----┤
　　営業利益 ◄-------------------------×----┘
```

この売上高から営業利益までの区分には、マイナス利益剰余金は影響をあたえません。なぜなら、利益剰余金は過去の利益の蓄積額であり、売上高から営業利益までの区分は、いま現在の活動をあらわしているからです。

2　これまでの営業外収益・営業外費用の区分

```
Ⅳ　営業外収益 ◄----------------------○----┐ マイナス
　　受取利息・受取配当金 ◄-----------○----┤ 利益
Ⅵ　営業外費用 ◄----------------------○----┤ 剰余金
　　支払利息関係 ◄--------------------○----┘
```

これらの区分では、財政状態計算書（貸借対照表）の借入金への影響から支払利息に影響します。マイナス利益剰余金が大きくなればなるほど、金利のかかる借入金が増え、支払利息が増えます。また損失が続くため、現金預

金がどんどん減りますから、利息や配当金を稼げません。つまり、マイナス利益剰余金は大きくなればなるほど、損益計算書（包括利益計算書）に悪い影響をあたえることとなります。

この結果が、それ以後の利益に影響します。

3　従来の特別利益・特別損失、税引前当期利益、当期利益、包括利益の区分

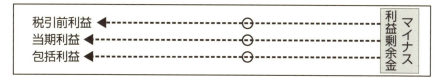

これらの区分は、営業外収益（受取利息と受取配当金）と営業外費用（支払利息関係）の影響を受けていますから結果として、マイナス利益剰余金はこの区分に大きな影響をあたえることになります。

結局、マイナス利益剰余金の損益計算書（包括利益計算書）への影響は、売上高から営業利益の区分には影響をあたえませんが、支払利息関係と受取利息・受取配当金を通して、それ以後の利益に大きな悪い影響をあたえるのです。

44 キャッシュ・フロー計算書で現金預金等の流れを読む

　キャッシュ・フロー計算書とは、1年間の現金預金等の流れをとらえた決算書です。一般的には、次のような形式で表示されます。

キャッシュ・フロー計算書

Ⅰ　営業活動によるキャッシュ・フロー
Ⅱ　投資活動によるキャッシュ・フロー
Ⅲ　財務活動によるキャッシュ・フロー
Ⅳ　現金及び現金同等物に係る換算差額
Ⅴ　現金及び現金同等物の年度増加額（△減少額）
Ⅵ　現金及び現金同等物の期首残高
Ⅶ　現金及び現金同等物の期末残高

　損益計算書（包括利益計算書）で1年間の儲けの状態がわかり、財政状態計算書（貸借対照表）で資産・負債・純資産（資本）がわかり、そして、このキャッシュ・フロー計算書で1年間の現金預金等の流れがわかります。
　次に、キャッシュ・フロー計算書の特徴などについて見ていきましょう。

1　キャッシュ・フローとは？

　キャッシュ・フローとは、1年間の現金預金等の流れですが、正確には次のとおりです。

> キャッシュ・フローとは、現金（手許にある現金、当座預金、普通預金、通知預金）及び現金同等物（取得日から満期日又は償還日までの期間が3ヶ月以内の短期投資である定期預金、銀行が無記名で自由に譲渡できる譲渡性預金、コマーシャル・ペーパー；会社が短期で資金調達のため、発行する無担保の約束手形）などを言います。

2　3つの活動区分

キャッシュ・フロー計算書は、次の3つの区分からなります。

Ⅰ　営業活動によるキャッシュ・フローの増減
Ⅱ　投資活動によるキャッシュ・フローの増減
Ⅲ　財務活動によるキャッシュ・フローの増減

営業（損益）、投資、財務のそれぞれの活動ごとに分けられています。

ところで、キャッシュ・フロー計算書をかんたんに考えますと、どんな会社でもつくっている現金預金出納帳を、

① 営業活動の現金預金出納帳
② 投資活動の現金預金出納帳
③ 財務活動の現金預金出納帳

の3つに分ければ、超かんたんにキャッシュ・フロー計算書を作成でき、日常管理にも役立ちます。

本当は、この日常管理に役立つキャッシュ・フロー、つまり3つの活動の現金預金出納帳こそ、真のキャッシュ・フロー会計なのです。

45 キャッシュ・フロー計算書とは、何なの？

1 営業活動によるキャッシュ・フローとは？

営業活動によるキャッシュ・フローは、非常に重要で、実は損益計算書の現金預金版と言ってもよいと考えられます。

下のように、損益計算書のひな型とキャッシュ・フロー計算書のひな型（直接法）を比べると超かんたんに、そのことがわかります。

```
     [損益計算書のひな型]           [営業活動によるキャッシュ・フロー]

  Ⅰ  売上高 --------------------▶ Ⅰ  売上収入
  Ⅱ  売上原価 ------------------▶ Ⅱ  仕入支出
  Ⅲ  販売費及び一般管理費 ------▶ Ⅲ  販売費及び一般管理費の支出
  Ⅳ  受取利息・受取配当金 ------▶ Ⅳ  利息・配当金の収入
  Ⅴ  支払利息 ------------------▶ Ⅴ  利息の支出
  Ⅵ  法人税等 ------------------▶ Ⅵ  法人税等の支出
      当期純利益 ----------------▶     現金預金等による当期純利益
```

以上のように、キャッシュ・フロー計算書の営業活動によるキャッシュ・フローは、その科目が損益計算書の科目と対応しており、損益計算書の現金預金版であることがわかります。

2 投資活動によるキャッシュ・フローとは？

投資活動によるキャッシュ・フローは、すべての投資活動（設備投資を中心として）の現金及び現金同等物の収入と支出です。

具体的には、次のとおりです。

1	有価証券を買った場合の支出
2	有価証券を売った場合の収入
3	投資有価証券を買った場合の支出
4	投資有価証券を売った場合の収入
5	有形固定資産を買った場合の支出
6	有形固定資産を売った場合の収入
7	無形固定資産を買った場合の支出
8	無形固定資産を売った場合の収入
9	貸付による支出
10	貸付の返済による収入

3　財務活動によるキャッシュ・フローとは？

　財務活動によるキャッシュ・フローは、借入れや増資などの財務活動の現金及び現金同等物の収入と支出です。

　具体的には、次のとおりです。

1	短期借入金の収入
2	短期借入金の返済の支出
3	長期借入金の収入
4	長期借入金の返済の支出
5	社債の発行による収入
6	社債の償還による支出
7	株式の発行による収入
8	自己株式の取得による支出
9	配当金の支払による支出

46 直接法によるキャッシュ・フロー計算書

キャッシュ・フロー計算書は、**直接法という方法**、あるいは間接法という方法で作成します。

これらの方法の違いは、営業活動によるキャッシュ・フローの作成の違いだけです。

投資活動によるキャッシュ・フローと、財務活動によるキャッシュ・フローは、直接法でも、間接法でも、まったく同じです。

では、直接法によるキャッシュ・フロー計算書の一例を見てみましょう。

	キャッシュ・フロー計算書（直接法）		
	自　平成X0年4月1日		
	至　平成X1年3月31日	（単位：百万円）	
Ⅰ	営業活動によるキャッシュ・フロー		
	売上収入	65,212	
	商品の仕入支出	−25,510	
	販売費及び一般管理費支出	−31,444	
	小計	8,258	
	利息及び配当金の受取額	1,216	
	利息の支払額	−610	
	法人等の支払額	− 4,570	
	営業活動によるキャッシュ・フロー		4,294
Ⅱ	投資活動によるキャッシュ・フロー		
	〜省略〜		
	投資活動によるキャッシュ・フロー		−5,540
Ⅲ	財務活動によるキャッシュ・フロー		
	〜省略〜		
	財務活動によるキャッシュ・フロー		782
Ⅳ	現金及び現金同等物に係る換算差額		72
Ⅴ	現金及び現金同等物の減少額		−392
Ⅵ	現金及び現金同等物期首残高		3,216
Ⅶ	現金及び現金同等物期末残高		2,824

営業活動によるキャッシュ・フローと損益計算書を比較すると、次のような対応関係があります。

```
1  損益計算書の売上高       と  売上収入が対応
2  損益計算書の売上原価      と  商品仕入支出が対応
3  損益計算書の販売費及び一般管理費 と  その支出が対応
4  損益計算書の受取利息、受取配当金 と  その収入が対応
5  損益計算書の支払利息      と  その支出が対応
6  損益計算書の法人税等      と  その支出が対応
```

＊上において、「と」の後が、キャッシュ・フロー計算書の科目です。

このように、繰り返しになりますが、営業活動によるキャッシュ・フローは、およそ損益計算書の現金預金版と考えてもよいのです。

営業活動による キャッシュ・フロー ────▶ **損益計算書の 現金預金版**

47 間接法によるキャッシュ・フロー計算書

　直接法によるキャッシュ・フロー計算書は、売上高と売上収入というように1つ1つ収入額と支出額とをとらえていかなければならず、手間がかかります。キャッシュ・フローの一番の必要性は、**損益計算書の当期純利益が現金預金として増加しているかどうかを確かめる**ことにありますから、会計士・税理士などの会計のプロが専門的に考えますと、もっとかんたんに（会計を専門的に知らない人にはわかりにくいのですが）キャッシュ・フロー計算書を作成することができます（本当は、もっともっと超かんたんで、日常の管理にも役立つ方法もあるのですが）。その方法は、損益計算書からキャッシュ・フローと関係のない項目や逆にキャッシュ・フロー的には現金及び現金同等物と考えてもよい項目を修正すれば、残りは、キャッシュ・フローと関係のある項目でつくられた損益計算書ができ上がることとなります。

　このような方法でつくられたキャッシュ・フロー計算書が間接法によるキャッシュ・フロー計算書です。

　では、**間接法でつくられたキャッシュ・フロー計算書**の一例を見てみましょう。

```
              キャッシュ・フロー計算書（間接法）
                   自 平成X0年4月1日
                   至 平成X1年3月31日         （単位：百万円）
Ⅰ　営業活動によるキャッシュ・フロー
       税引前当期純利益                          7,536
       受取利息及び受取配当金                   －1,416
       支払利息                                   920
       為替差損                                    20
       社債発行差金償却                             20
       有形固定資産除却損                           40
       減価償却費                                1,430
       退職給付引当金の増加額                       100
       貸倒引当金の増加額                          160
       受取債権の増加額                         －1,338
       棚卸資産の減少額                          1,640
```

	仕入債務の減少額	−980	
	未払消費税等増加額	126	
	小計	8,258	
	利息及び配当金の受取額	1,216	
	利息の支払額	−610	
	法人等の支払額	−4,570	
	営業活動によるキャッシュ・フロー		4,294
II	投資活動によるキャッシュ・フロー		
	有価証券の取得による支出	−1,520	
	有形固定資産の取得による支出	−4,020	
	投資活動によるキャッシュ・フロー		−5,540
III	財務活動によるキャッシュ・フロー		
	短期借入金増加額	32	
	長期借入金による収入	1,250	
	長期借入金の返済による支出	−540	
	社債の発行による収入	1,500	
	株式の発行による収入	500	
	少数株主への株式の発行による収入	40	
	配当金の支払額	−2,000	
	財務活動によるキャッシュ・フロー		782
IV	現金及び現金同等物に係る換算差額		72
V	現金及び現金同等物の減少額		−392
VI	現金及び現金同等物期首残高		3,216
VII	現金及び現金同等物期末残高		2,824

　このように、**減価償却費**などは、損益計算書では、費用で売上から差し引かれるのですが、建物のように建て直すまで現金預金が支出されないため、現金預金がたまっていると考えられるものは、キャッシュ・フローの増加と修正し、社債発行差金は償却額であるため支出を伴わないので、キャッシュ・フローの増加と修正します。一方、**受取債権（受取手形・売掛金）の増加**は、キャッシュ・フローが入ってこなくなるということでキャッシュ・フローの**減少と修正**します。

　このようにして、およそ当期純利益の現金預金の増加が、営業活動によるキャッシュ・フローで確認できることとなります。

　直接法でも間接法でも、営業活動によるキャッシュ・フローの小計、合計は一致しています。確認してみてください。なお、投資活動と財務活動によるキャッシュ・フローは、どちらでもまったく同じです。

48 キャッシュ・フローの活動のなかみ

　キャッシュ・フロー計算書は、もともとが、損益計算書で当期純利益が出ているにもかかわらず、倒産する会社が後を絶たないため（ふつうは、当期純損失が出て倒産するのですが［赤字倒産］、黒字であるにもかかわらず倒産することから黒字倒産と言います）、当期純利益が現金預金の増加となっていないため、当期純利益の現金預金との関係が歴史的に問題となって開発されたものです。そのため、当然に、当期純利益と現金預金の増減がわかるように開発されています。

　そこで、キャッシュ・フローの活動の第1が前の**45**で説明しましたように営業活動によるキャッシュ・フローとなるわけです。
　ここでは、第2の投資活動によるキャッシュ・フローと第3の財務活動によるキャッシュ・フローを見ていきます。

1　投資活動によるキャッシュ・フロー

　投資活動によるキャッシュ・フローでは、将来のためも含めた、あらゆる投資の現金預金等の、使い方があらわされます。
　ただ、もともと、**設備投資を中心とした投資**と考えられますから、この活動はマイナスが正常と言えますし、成長している会社は、当然に、この活動がマイナスとなります。

　特に、営業活動によるキャッシュ・フローがマイナスで、投資活動によるキャッシュ・フローがプラスの場合には、重要資産を売却していないかどうかを見なければならなくなりますから、クドいようですが、この活動は、**プラスが正常でない**ということを理解しなければなりません。
　ただし、資金に余裕がある場合も、この投資活動によるキャッシュ・フローがプラスになる場合があります。

2　財務活動によるキャッシュ・フロー

　おカネの借入や返済を中心とした現金預金等の流れが、財務活動のキャッシュ・フローです。

　このキャッシュ・フローは、営業活動によるキャッシュ・フローと、投資活動によるキャッシュ・フローとの関係を意識して見ることが大切になります。

　つまり、営業活動に失敗して、資金不足を補うために借入や増資をするのか、あるいは投資活動を活発にした結果の借入の増加や増資なのかを判断するのに利用するために、営業活動と投資活動と関係させて、財務活動によるキャッシュ・フローを見ることが重要となります。

49 キャッシュ・フロー計算書の超かんたんな流れ

　キャッシュ・フロー計算書の流れを超かんたんに示しますと、次のとおりです。

　下に示した流れでは、正式なキャッシュ・フロー計算書とは違って、現金及び現金同等物の期首残高から始めています。

（単位：百万円）

| I | 現金及び現金同等物期首残高 | **(100)** |

　　前期のキャッシュ・フローの繰越高です。
　　（前期の現金及び現金同等物期末残高）

| II | 営業活動によるキャッシュ・フロー | (3,000) |

　1　当期純利益が------→①　現金預金等の増加となっているか？
　　　当期純利益が------→②　現金預金等の減少となってしまったか？
　2　当規純損失が------→③　現金預金等の減少となっているか？
　　　当期純損失が------→④　現金預金等の増加となったか？

| III | 投資活動によるキャッシュ・フロー | (−3,500) |

　　営業活動の結果を受けて設備投資などの
　　投資がどのようになっているか？

| IV | 財務活動によるキャッシュ・フロー | (1,000) |

　　（IIの営業活動のキャッシュ・フローの結果を受けて）
　　　1の①であれば、------→借入れの返済？
　　　1の②であれば、------→借入れ？　増資？
　　　2の③であれば、------→借入れ？　増資？
　　　2の④であれば、------→借入れの返済？
　　（投資活動のキャッシュ・フローの結果を受けて）
　　　借入れ、借入れの返済、増資、自己株式の購入、配当は？

| V | 現金及び現金同等物の換算差額 | (10) |

これは、外貨の現金や外貨預金の為替の
差益（プラス）や差損（マイナス）です。

| Ⅵ | 現金及び現金同等物の増加額（減少額） | **(510)** |

上のⅡからⅤまでの増加額、減少額です。

Ⅶ　現金及び現金同等物の期末残高

1　Ⅰ＋Ⅵの増加額＝当期の現金及び現金同等物の期末残高

(100＋510)＝(610)

2　Ⅰ－Ⅵの減少額（マイナスの場合）＝当期の現金及び現金同等物の期末残高

50 キャッシュ・フロー計算書の真の経営上の利益
―キャッシュ・フローによる持続可能利益―

　経営上の真の利益額である持続可能利益をキャッシュ・フロー計算書で見ますと、これまでのキャッシュ・フロー計算書の場合のように税引前当期純利益から始まり、小計が出ているキャッシュ・フロー計算書の場合には、持続可能利益は、前に見ましたように［売上高−売上原価−販管費＋受取利息・受取配当金−支払利息関係］で計算されます。

　おさらいのため、損益計算書の真の経営上の利益である持続可能利益の計算式を再掲しますと、次のとおりです。

持続可能利益＝売上高−売上原価−販管費＋受取利息・受取配当金
　　　　　　−支払利息関係

　キャッシュ・フロー計算書の営業活動によるキャッシュ・フローは、損益計算書の現金預金版ですから、これと同じように考えますと、次のとおりです。

（損益計算書）	（営業活動によるキャッシュ・フロー）
1　営業利益	営業活動によるキャッシュ・フローの小計
2　受取利息・配当金	利息・配当金の受取
3　支払利息関係	利息の支払い

　ですから、キャッシュ・フローによる真の経営上の利益、すなわちキャッシュ・フローによる持続可能利益は次のとおり計算されます。

> 営業活動によるキャッシュ・フローの小計＋利息・配当金の収入－利息の支払
> ＝キャッシュ・フローによる持続可能利益

　これが、損益計算書の持続可能利益よりも現金及び現金同等物（キャッシュ・フロー）に裏づけされた**確実な真の経営上の利益**と考えられます。

51 IFRSのキャッシュ・フロー計算書

　IFRSのキャッシュ・フロー計算書の様式の特徴について、実例で見てみましょう。

1　HOYAの場合

様　　式	解　　説
（営業活動によるキャッシュ・フロー） 税引前当期利益 営業活動によるキャッシュ・フロー （運転資本の増減等調整前） 運転資本の増減 　**小　計** 営業活動によるキャッシュ・フロー **（投資活動によるキャッシュ・フロー）** **（財務活動によるキャッシュ・フロー）**	従来のキャッシュ・フロー計算書と、あまり、変わりませんが、独特で、2つの営業活動によるキャッシュ・フローが生じています。つまり、運転資本の増減等調整前の営業活動によるキャッシュ・フロー（棚卸資産の増減額、売上債権及びその他の債権の増減額、仕入債務及びその他の債務の増減額と退職給付に係る負債及び引当金の増減額）と通常の営業活動によるキャッシュ・フローです。 科目の名称がいろいろと使われています。

2　日本たばこ産業

様　　式	解　　説
（営業活動によるキャッシュ・フロー） 税引前利益 　**小　計** 営業活動によるキャッシュ・フロー **（投資活動によるキャッシュ・フロー）** **（財務活動によるキャッシュ・フロー）**	従来と変わりませんが、科目の名称がいろいろと使われています。

3　日本板硝子

様　式	解　説
(営業活動によるキャッシュ・フロー) 営業活動によるキャッシュ・フロー **(投資活動によるキャッシュ・フロー)** **(財務活動によるキャッシュ・フロー)**	小計の代わりに営業活動による現金生成額となっています。 科目の名称がいろいろと使われています。

4　日本電波工業

様　式	解　説
(営業活動によるキャッシュ・フロー) 税引前当期利益又は税引前当期損失 営業活動によるキャッシュ・フロー **(投資活動によるキャッシュ・フロー)** **(財務活動によるキャッシュ・フロー)**	小計がありません。 科目の名称がいろいろと使われています。

5　住友商事

様　式	解　説
(営業活動によるキャッシュ・フロー) 当期純利益 営業活動によるキャッシュ・フロー **(投資活動によるキャッシュ・フロー)** **(財務活動によるキャッシュ・フロー)**	当期利益から始まり、小計はありません。 科目の名称がいろいろと使われています。

　なお、HOYA、日本板硝子、日本電波工業については、本書巻末の附録に、IFRSのキャッシュ・フロー計算書を掲載していますので、確認してみてください。

52 利益剰余金のキャッシュ・フロー計算書への影響

　ここでは、利益剰余金のキャッシュ・フロー計算書への影響を見ていきます。
　利益剰余金は、キャッシュ・フロー計算書の3つの区分のすべてに、大きな影響をあたえます。

1　営業活動によるキャッシュ・フローへの影響は？
　この営業活動に対しては、利益剰余金が大きくなればなるほど、

　　① **受取利息・受取配当金の収入が** ……→ **大きくなります。**
　　② **支払利息関係の支出が** ……→ **小さくなります。**

　このように、利益剰余金が大きくなればなるほど、ふつう、**一旦は現金預金等に余裕ができます**から、預金、国債、社債などに投資することによって、利息を稼げますし、上場会社などの株式を持つことによって配当金も稼げます。
　また、利益剰余金が大きくなればなるほど、借入金が減りますから、**支払利息が減少**し、その割合が総資産の60％以上になると、ふつう、金利のかかる借金（有利子負債）が無くなり、経営力が強くて、その結果として無借金経営が実現します。

2　投資活動によるキャッシュ・フローへの影響は？
　利益剰余金が大きくなればなるほど、現金預金等に余裕ができますから、投資活動が活発となります。

```
投資活動が ----------------------→ 活発となる
```

　余裕資金を将来の設備投資や、新規の事業投資に、また株式の売買、国債、社債などの投資に投入できます。

3　財務活動によるキャッシュ・フローへの影響は？
　利益剰余金が大きくなればなるほど、金利のかかる借金が減りますし、無借金となると、この活動の中心である、借入金の活動が不必要となります。
　したがって、利益剰余金が大きくなればなるほど、この活動が不活発となり、自己株式の購入と配当金の支払だけになります。

```
借入金の活動が ----------------------→ 不活発となる
```

　このように、利益剰余金が大きくなればなるほど、現金預金等に余裕ができますから、現金預金等の1年間の増減をとらえるキャッシュ・フロー計算書に良い影響をあたえるのは、当然のことです。

53 マイナス利益剰余金の キャッシュ・フロー計算書への影響

　ここでは、マイナス利益剰余金のキャッシュ・フロー計算書への影響を見ます。

　利益剰余金は、キャッシュ・フロー計算書の3つの区分のすべてに、大きな影響をあたえます。

```
Ⅰ　営業活動によるキャッシュ・フロー ◄--------○-------┐
Ⅱ　投資活動によるキャッシュ・フロー ◄--------○-------┤ マイナス利益剰余金
Ⅲ　財務活動によるキャッシュ・フロー ◄--------○-------┘
```

1　営業活動によるキャッシュ・フローへの影響は？

　この営業活動に対しては、マイナス利益剰余金が大きくなればなるほど、

- ① 受取利息・受取配当金の収入が ------------▶ **小さくなります。**
- ② 支払利息関係の支出が --------------------▶ **大きくなります。**

　このように、マイナス利益剰余金が大きくなればなるほど、**現金預金等が減ります**から、預金、国債、社債などに投資することができなくなり、利息を稼げません。

　上場会社などの株式を持つことができませんから、配当金も稼げません。また、マイナス利益剰余金が大きくなればなるほど、**借入金が増えます**から、**支払利息が増加**し、利益剰余金の割合が総資産のマイナス40％以下になると、確実に倒産します。

2　投資活動によるキャッシュ・フローへの影響は？
　マイナス利益剰余金が大きくなればなるほど、**現金預金等が不足**しますから、**投資活動が不活発**になります。
　資金を将来の設備投資や、新規の事業投資に、また株式の売買、国債、社債などの投資に投入できません。

```
┌─────────────────────────────────────────────────────┐
│   投資活動が ·························➡ 不活発となる   │
└─────────────────────────────────────────────────────┘
```

3　財務活動によるキャッシュ・フローへの影響は？
　マイナス利益剰余金が大きくなればなるほど、金利のかかる借金が増えますし、この活動の中心である**借入金の活動が活発**となります。
　したがって、マイナス利益剰余金が大きくなればなるほど、この活動が活発となります。

```
┌─────────────────────────────────────────────────────┐
│   借入金の活動が ·······················➡ 活発となる   │
└─────────────────────────────────────────────────────┘
```

　このように、マイナス利益剰余金が大きくなればなるほど、現金預金等が不足しますから、現金預金等の1年間の増減をとらえるキャッシュ・フロー計算書に悪い影響をあたえるのは、当然のことと言えます。

第II部

3つの数字で決算書を超かんたんに読む

54 設立から現在までの儲ける力のはかり方
―長期蓄積力比率とマイナス長期蓄積力比率―

　会社は、好不調を繰り返すことが多いのではないかと思います。その会社の、これまでの歴史をあらわす、唯一の数字があります。
　その数字こそが、次のような長期蓄積力比率です。

1　長期蓄積力比率

　過去の損益の結果をあらわす最も良い比率は、利益剰余金がプラスであれば、前の16でも見ましたように、次のような長期蓄積力比率です。

$$\frac{利益剰余金}{総資産（資産合計）} \times 100\%$$

　総資産（資産合計）を分母に、利益剰余金を分子とした超かんたんな指標で、過去の業績が一目でわかります。

財政状態計算書（貸借対照表）

分母	総資産(資産合計)	
		利益剰余金（分子）

これまでの研究で、次のことがわかりました。
① **長期蓄積力比率が60％以上**になると成長・拡大しつつある会社を除いて、**ほとんどの企業が無借金経営（金利のかかる借金がゼロということ）を実現する**ということです。
　もちろん、子会社が借り入れている場合もありますが、その場合は金額がわずかですから、すぐわかります。
② **上場会社約3,500社の平均は、ほぼ25％前後**です。
　日本の会社の蓄積力が高いことがわかります。
　もちろん、経営力が強いということです。

2　マイナス長期蓄積力比率

マイナス利益剰余金の場合の過去の業績が一目でわかる比率は、次のようなマイナス長期蓄積力比率です。

$$\frac{-利益剰余金}{資産合計＋マイナス利益剰余金分} \times 100\%$$

この計算で、たとえば、－10％と計算されたら、それは、もともとあった資産の10％が、損失で食いつぶされたことを意味します。

この計算式を使うことによって、設立から現在までの、その会社の業績の悪さ（過去の経営力の弱さ）が一目でわかり、超かんたんに、**問題の会社か、危険な会社**かどうかを判定することができます。

なお、これまでの研究で、**マイナス長期蓄積力比率が－40％以下**になりますと、たとえば、－45％、－50％というようになると、**確実に倒産**します。もちろん、銀行管理になっていたり、親会社が吸収したり、グループが支えたりして仮に存続していたとしても、事実上は、倒産ということです。

55 過去の経営力の強い会社の例

実際の例で過去の経営力の強い会社を見て、その実態を読んでみましょう。

1　実例1　N社の場合（単位：百万円）

財政状態計算書（貸借対照表）

資産合計　1,447,878	利益剰余金　1,414,096

長期蓄積力比率は、次のとおりです。

$$\frac{利益剰余金　[1,414,096]}{資産合計　[1,417,878]} \times 100\% = 99.7\%$$

この会社は、**経営力が強く無借金経営**です。

負債の部を見ますと、次のとおりです。

財政状態計算書（貸借対照表）

	負債の部	
	支払手形及び買掛金	107,045
	未払法人税等	3,563
	賞与引当金	2,131
	その他	81,735
	退職給付引当金	26,241

このように、**金利のかかる借金は0**です。

2　実例2　F社の場合（単位：百万円）

財政状態計算書（貸借対照表）

資産合計　1,219,113	利益剰余金　1,261,572

長期蓄積力比率は、次のとおりです。

$$\frac{\text{利益剰余金}\ [1,261,572]}{\text{資産合計}\ [1,219,113]} \times 100\% = 103.5\%$$

この会社も**経営力が強く無借金経営**です。
負債の部を見ますと、次のとおりです。

財政状態計算書（貸借対照表）

	負債の部 　支払手形及び買掛金　　22,044 　未払法人税等　　　　　30,637 　アフターサービス引当金　4,937 　その他　　　　　　　　35,355 　退職給付引当金　　　　32,011

このように、**金利のかかる借金は0**です。

　長期蓄積力比率が60％以上になると、上のように成長、拡大企業でない限り、経営力が強い無借金経営が実現します。
理想は60％です。
　この数字以上なら、財務や会計から考えると、**経営力が強くて無借金経営を実現している**、会計上は、**過去におけるエクセレント・カンパニー**と言えます。

56 問題会社、危険な会社の例
― マイナス長期蓄積力比率の実例 ―

実際の例で過去の経営力の弱い危険な会社を見て、その実態を読んでみましょう。

1 実例1 S社の場合（単位：千円）

財政状態計算書（貸借対照表）

資産合計　13,120,579	利益剰余金　△1,175,408

マイナス長期蓄積力比率は、次のとおりです。

$$\frac{\text{マイナス利益剰余金 }[-1{,}175{,}408]}{\text{資産合計}[13{,}120{,}579]+\text{利益剰余金のマイナス分}[1{,}175{,}408]} \times 100\% = -8.2\%$$

この会社は、**危険領域に入っている経営力の弱い会社**です。
負債の部を見ますと、次のとおりです。

財政状態計算書（貸借対照表）

	負債の部	
	短期借入金	1,000,000
	長期借入金	3,000,000

このように、**金利のかかる借金は、多くなります**。

2　実例2　K社の場合（単位：千円）

財政状態計算書（貸借対照表）

資産合計　13,808,955	利益剰余金　△6,959,318

マイナス長期蓄積力比率は、次のとおりです。

$$\frac{マイナス利益剰余金［-6,959,318］}{資産合計[13,808,955]+利益剰余金のマイナス分[6,959,318]} \times 100\% = -33.5\%$$

負債の部を見ますと、次のとおりです。

財政状態計算書（貸借対照表）

	負債の部	
	短期借入金	1,640,000
	1年以内返済の長期借入金	72,000
	長期借入金	3,000,000

このように、**金利のかかる借金（有利子負債）が多額**になります。
この会社は、**倒産**しました。

したがって、**長期蓄積力比率とマイナス長期蓄積力比率で、超かんたんに設立から現在までの過去の経営力の強弱**がわかります。

57 会社の安全性を読む その1
―自己資本比率―

安全性を見る代表的な比率は、自己資本比率です。
この自己資本比率は、次の計算式で計算されます。

$$\frac{自己資本}{資産合計（総資産）} \times 100\%$$

自己資本とは、連結決算書の場合、ふつう、純資産額－少数株主持分のことです。
IFRSでは、資本合計－非支配持分で計算されます。
なお、新株予約権のある場合には、これも差し引きます。
実際の例で計算してみましょう。

1 実例1　N社の場合（単位：百万円）

財政状態計算書（貸借対照表）

資産合計	1,447,878	少数株主持分	131
		純資産合計	1,227,520

このN社の自己資本比率は、次のように計算します。

$$\frac{純資産\,[1,227,520]\,-少数株主持分\,[131]}{資産合計\,[1,447,878]} \times 100\% = 84.8\%$$

この会社は、安全性が非常に高く、前の**55**の実例1で説明しましたように、経営力が強くて、しかも安全性が高いことがわかります。

2 実例2 K社の場合(単位:千円)

財政状態計算書(貸借対照表)

資産合計	13,808,955	少数株主持分 純資産合計	10,530 2,409,621

このK社の自己資本比率は、次のように計算します。

$$\frac{純資産\,[2,409,621]\,-少数株主持分\,[10,530]}{資産合計\,[13,808,955]} \times 100\% = 17.4\%$$

前の56の実例2で説明しましたように、この会社は、**利益剰余金がマイナスのため、経営力が弱く、安全性が低く、危険な状態**に入っています。

もちろん、56で言いましたように、倒産しました。

自己資本額は、他の比率でも使いますので、メモしておくと便利です。

自己資本比率の全産業平均は37%前後です。

理想は、実例1のN社のように、長期蓄積力比率が60%以上で、しかも自己資本比率が高いことです。

ちょっとした知識

純資産額に新株予約権(株式の交付を行使する権利)がある場合には、これも自己資本額を計算する際に、純資産額から差し引きます。

58 会社の安全性を読む その2
―固定比率（長期資産の安全性）―

　同じ安全性を見る場合でも、前の**57**で説明した自己資本比率のほかに、**固定資産（非流動資産）に関係する安全性の比率があります。固定比率**と言います。

　この固定比率は、次の計算式で計算されます。

$$\frac{固定資産（非流動資産）}{自己資本} \times 100\%$$

　この固定比率は、固定資産（非流動資産）を分子に、自己資本額を分母にして計算されます。

理想は100％以下です。

　なぜなら、固定資産（非流動資産）は、資金（現金及び現金同等物）の回収（入金）に長い期間かかります。

　ですから、返す必要のない自己資本でまかなえていれば、安全なわけです。100％以下ならば、本当に安全だということがわかります。

全産業平均は165％前後です。

1　実例1　N社の場合（単位：百万円）

財政状態計算書（貸借対照表）

固定資産合計	255,628	少数株主持分 純資産合計	131 1,227,520

　このN社の固定比率は、次のように計算します。

　自己資本額は、1,227,389（＝純資産合計［1,227,520］－少数株主持分［131］）です。

$$\frac{\text{固定資産合計 [255,628]}}{\text{自己資本額 [1,227,520]}} \times 100\% = 20.8\%$$

　このN社の固定比率は20.8％ですから、100％以下で超安全であることがわかります。

2　実例2　K社の場合（単位：千円）

財政状態計算書（貸借対照表）

固定資産合計	4,592,002	少数株主持分	10,530
		純資産合計	2,409,621

　このK社の自己資本額は、次のように計算します。
　自己資本額＝純資産［2,409,621］－少数株主持分［10,530］＝2,399,091
　固定比率は、次のように計算します。

$$\frac{\text{固定資産合計 [4,592,002]}}{\text{自己資本額 [2,399,091]}} \times 100\% = 191.4\%$$

　この結果、**固定比率は、高く危険性がある**ことをあらわしています。
　全産業平均は165％前後です。固定資産は、危険な状態にある金額になっていることをあらわしています。

59 会社の安全性を読む その3
― 負債比率（借金の安全性）―

　負債比率は、自己資本額と負債額とを比較して、負債が返済しないで済む自己資本の金額以内で済んでいるかどうかを見る安全性の比率です。
　この負債比率は、次のような計算式で計算します。

$$\frac{負債}{自己資本} \times 100\%$$

　分子に負債を、分母に自己資本で計算されます。
　したがって、**100％以下が理想**です。
　なぜなら、返さなくてもよい自己資本で、負債がまかなわれていれば、本当に安全だからです。
　全産業平均は170％前後です。

1　実例1　N社の場合（単位：百万円）

財政状態計算書（貸借対照表）

		負債合計	220,358
		少数株主持分	131
資産合計	1,447,878	純資産合計	1,227,520

　このN社の自己資本額は、次のように計算します。
　自己資本額は、1,227,389（＝純資産合計［1,227,520］－少数株主持分［131］）です。
　そして、負債比率は、次のように計算します。

$$\frac{負債\ [220,358]}{自己資本\ [1,227,389]} \times 100\% = 18.0\%$$

このN社の**負債比率**は、全産業平均が170％前後ですので、超低く、超安全だとわかります。

2　実例2　K社の場合（単位：千円）

財政状態計算書（貸借対照表）

資産合計	13,808,955	負債合計	11,399,334
		少数株主持分	10,530
		純資産合計	2,409,621

このK社の自己資本額は、次のように計算します。

自己資本額は、2,399,091（＝純資産合計[2,409,621]－少数株主持分[10,530]）です。

そして、負債比率は次のように計算します。

$$\frac{負債\ [11,399,334]}{自己資本\ [2,399,091]} \times 100\% = 475.2\%$$

このK社の**負債比率**は、全産業平均が170％前後ですので、超高く、超危険だとわかります。

60 おカネの流れを読む
―流動比率―

　会社の支払い能力を見ることは、とても大切なことです。
　ここでは、1年以内に支払わなければならない借金に対して、すぐに1年以内に現金預金となる資産がいくらあるかを計算して比較すれば、会社の支払い能力がかんたんにわかります。

財政状態計算書（貸借対照表）

流動資産 （1年以内に現金預金となる資産） 100億円	流動負債 （1年以内に支払わなければならない借金） 70億

　このような状況であれば、この1年間の資金は、1年以内の借金を払って、100億円－70億円で、まだ30億円余っているということですから、おカネの流れは良いということがわかります。

　これを公式にすると、流動比率という比率が計算されます。
　この流動比率は、次のような、計算式であらわされます。

$$\frac{流動資産}{流動負債} \times 100\%$$

　この比率では、分子に流動資産、分母に流動負債ですので、理論的には100％以上であればよいわけですが、実際にはそうはいきません。
　なぜなら、分子の流動資産の中には、絶対に1年以内に現金預金とならない資産があるからです。
　たとえば、デパートなどでショーウインドーやガラスケースに飾られている売り物は、四季など時期によって変わりますが、1年中、ショーウインドーやガラスケースに飾っておかなければならないわけですから、固定資産と同じように、そこに置いてある売り物の金額も、固定されてしまうわけです。

ですから、このような流動資産（恒常棚卸資産）は、1年以内に現金化されません。
　このほか滞っている手形や売掛金、1年以内に売れない棚卸資産などがあります。
　この流動比率の全産業平均は120％前後です。
　この流動比率は**単独では信用できない**ので、アメリカでは、**200％以上が理想**と言われています。

1　実例1　N社の場合（単位：百万円）

財政状態計算書（貸借対照表）

流動資産	1,192,250	流動負債	194,475

この流動比率の計算は、次のように計算します。

$$\frac{流動資産\,[1{,}192{,}250]}{流動負債\,[194{,}475]} \times 100\% = 613.1\%$$

　このN社の流動比率は613.1％で、全産業平均が120％前後ですから、**超流動性が高い**ことがわかります。

2　実例2　K社の場合（単位：千円）

財政状態計算書（貸借対照表）

流動資産	9,216,953	流動負債	9,573,353

この流動比率の計算は、次のように計算します。

$$\frac{流動資産\,[9{,}216{,}953]}{流動負債\,[9{,}573{,}353]} \times 100\% = 96.3\%$$

　このK社の流動比率は96.3％で、全産業平均が120％前後ですから、**流動性が低い**ことがわかります。

61 棚卸資産(在庫)は何日で売上となるか？
—棚卸資産回転期間—

　会社の最大の収入源は、売上高（営業収益：売上収益）ですから、会社が持っている商品や製品などといった**棚卸資産が、いつ売上になるかは、最も大切な事柄**です。
　そこで、開発されたのが、棚卸資産回転率です。
　棚卸資産回転率は、商品、製品、仕掛品、半製品、原材料、貯蔵品といった棚卸資産が1年間に何回売上となるかという回転数の計算です。
　たとえば、売上高が365億円で、棚卸資産が1億円残っているとしたら、1年間の回転数は365回転ということとなります。

1　棚卸資産回転率
　棚卸資産回転率は、次のような計算式で計算されます。

$$\frac{売上高[365億円]}{棚卸資産[1億円]} = 365回転（回）$$

　1年に365回転ということは、持っている棚卸資産が1日で売り上げられるということです。そこで、実際の分析において、**よりわかりやすいのは、次の棚卸資産回転期間**（棚卸資産が売り上げとなるのにかかる期間）ということとなります。

2　棚卸資産回転期間
　棚卸資産回転期間は、次のような計算式で計算されます。

$$\frac{棚卸資産[1億円]}{売上高[365億円]} \times 365日 = 1日（日）$$

　つまり、持っている棚卸資産が1日で売り上げとなるということです。

3　実例1　F社の場合（単位：百万円）

財政状態計算書（貸借対照表）

商品及び製品	37,053
仕掛品	27,724
原材料及び貯蔵品	7,407

損益計算書

| 売上高 | 498,395 |

このF社の棚卸資産回転期間の計算は、次のように計算します。

$$\frac{棚卸資産\ [72,184]}{売上高\ [498,395]} \times 365日 = 52.9日$$

4　実例2　K社の場合（単位：千円）

財政状態計算書（貸借対照表）

| 棚卸資産 | 2,746,165 |

損益計算書

| 売上高 | 28,094,317 |

このK社の棚卸資産回転期間の計算は、次のように計算します。

$$\frac{棚卸資産\ [2,746,165]}{売上高\ [28,094,317]} \times 365日 = 35.7日$$

この棚卸資産回転期間は、全産業平均で25日ぐらいですが、業種によって大きな違いがありますから、同業種は比較できますが、他業種間では比較できません。

いずれにしても、短いほうが良いわけです。

62 ツケの代金は、何日で現金預金となるか？
―売上債権回転期間―

人間にたとえれば、会社の血液は、現金預金ですから、**売上のツケの代金（受取手形、売掛金：売上債権：営業債権）**が、何日で現金預金となるかは**非常に大切**です。

そこで、開発されたのが、**売上債権回転率**です。

売上債権回転率は、受取手形、売掛金といった売上債権が1年間に何回、現金預金となるかという回転数の計算です。

たとえば、売上高が365億円で、売上債権（営業債権）が1億円残っているとしたら、1年間の回転数は365回転ということになります。

1　売上債権回転率

売上債権回転率は、次のような計算式で計算されます。

$$\frac{売上高 [365億円]}{棚卸資産 [1億円]} = 365回転（回）$$

1年に365回転ということは、受取手形や売掛金が1日で現金預金化するということです。

そこで、実際の分析において、**よりわかりやすいのは、次の売上債権回転期間**（売上債権が現金預金になるのにかかる期間）ということになります。

2　売上債権回転期間

売上債権回転期間は、次のような計算式で計算されます。

$$\frac{売上債権 [1億円]}{売上高 [365億円]} \times 365日 = 1日（日）$$

3　実例1　F社の場合（単位：百万円）

財政状態計算書（貸借対照表）

受取手形及び売掛金	81,318

損益計算書

売上高	498,395

このF社の売上債権回転期間の計算は、次のように計算します。

$$\frac{売上債権　[81,318]}{売上高　[498,395]} \times 365日 = 59.6日$$

この比率は全産業平均で55日ぐらいですから**平均的**です。

4　実例2　K社の場合（単位：千円）

財政状態計算書（貸借対照表）

受取手形及び売掛金	3,006,638

損益計算書

売上高	28,094,317

このK社の売上債権回転期間の計算は、次のように計算します。

$$\frac{売上債権　[3,006,638]}{売上高　[28,094,317]} \times 365日 = 39.1日$$

　このK社では、受取手形・売掛金といった売上債権が現金預金等になるのに、約1.3ヶ月かかります。
　この売上債権回転期間は、全産業平均で55日ぐらいですが、業種によって大きな違いがありますから、同業種は比較できますが、他業種間では比較できません。
　いずれにしろ、短いほうが良いわけです。

63 財政状態計算書(貸借対照表)の読み方の重点ポイント

　財政状態計算書（貸借対照表）の重点ポイントは、ここまで本書を読んでいただければ、もうおわかりかと思いますが、ズバリ、**長期蓄積力比率**です。

　この長期蓄積力比率は、安全性や流動性を代表する自己資本比率や固定比率、負債比率、そして流動比率に大きな影響をあたえ、そして、その代わりとなります。

1　安全性と長期蓄積力比率

　まず、第1に自己資本比率や固定比率、そして負債比率は、すべて、その計算式に自己資本額を使っています。

　自己資本額は、ほぼ、純資産額や資本額と同じですから、利益剰余金が増えれば増えるほど、大きくなりますから、その計算式の分子や、分母を大きくして安全にします。

　逆に、マイナスになればなるほど、その計算式の分子や分母を小さくしますから危険性を高めていくということになります。

　ですから、**自己資本比率や固定比率や負債比率を計算しなくても、長期蓄積力比率を見ることによって、安全性を判断することができます。**

　つまり、**長期蓄積力比率が大きくなればなるほど、安全性が高くなる**ということがわかります。

　最も大切なことは、会社は、経営力が強く、安全で、長生きできることが理想です。そうなれば、長く、社会に貢献することができるからです。

　ただ、安全性と言っても、株主の出資金額が大きくて、自己資本比率や固定比率や負債比率が良くて安全性が高いということもありえます。

　いま、次のようなA社とB社と比較して「本当に経営力が強くて安全か？」「株主の出資金が多くて、ただ、安全か？」を見てみましょう。

	（A社）	
Ⅰ	総資産	100億円
Ⅱ	自己資本	80億円
	（株主出資金）	
1	資本金	50億円
2	資本剰余金	40億円
3	利益剰余金	－10億円
	自己資本比率	80％

	（B社）	
Ⅰ	総資産	100億円
Ⅱ	自己資本	80億円
	（株主出資金）	
1	資本金	5億円
2	資本剰余金	5億円
3	利益剰余金	70億円
	自己資本比率	80％

　同じ、自己資本比率が80％でもA社は、ただ安全で経営力が弱く、B社は、経営力が強くて安全ということで、全然違うわけです。利益剰余金と長期蓄積力を見ることがポイントです。

2　流動性と長期蓄積力比率

　次に、流動性の代表である流動比率についても、**長期蓄積力比率が高い場合には、現金預金や1年以内に売却される有価証券が大きくなり、流動比率を高くします。**

　逆に、**マイナス長期蓄積力比率が悪くなればなるほど、現金預金が失われますから流動比率が低くなります。**

　長期蓄積力比率によって、現金預金の流れの良し悪しを判断することができるのです。

64 商売上の利益の読み方
―売上総利益率―

　売上高から売上原価を差し引いた売上総利益と売上高との比率を**売上総利益率（または、粗利益率）**と言います。

　この売上総利益率は、次のような計算式で計算されます。

$$\frac{売上総利益}{売上高} \times 100\%$$

　この比率は、損益計算の最初の利益計算で、商売上の利益を意味します。業種によって違ってきますので、他業種との比較はできませんが、同業種であれば、重要な比率として比較できます。

　実際の例で見てみましょう（**全産業の平均は20％前後**ですが、医薬品業では、62％前後と非常に高くなっています。業種によって相当の違いがあります）。

1　実例1　医薬品業O社の場合（単位：百万円）

損益計算書

売上高	145,393
売上原価	33,983
売上総利益	111,410

売上総利益率は、次のように、かんたんに計算されます。

$$\frac{売上総利益\ [111,410]}{売上高\ [145,393]} \times 100\% = 76.6\%$$

　医薬品業の売上総利益率の平均値は62％前後ですが、O社の売上総利益率は76.6％と、非常に高い比率となっています。理想的ですね。

2　実例2　電気機器業F社の場合（単位：百万円）

損益計算書

売上高	498,395
売上原価	258,670
売上総利益	239,725

このF社の売上総利益率は、次のように、かんたんに計算されます。

$$\frac{売上総利益\ [239,725]}{売上高\ [498,395]} \times 100\% = 48.1\%$$

電気機器業の売上総利益率の平均値は21％前後ですから、F社の売上総利益率は48.1％と、非常に高いと言えます。

3　実例3　K社の場合（単位：千円）

損益計算書

売上高	28,094,317
売上原価	17,951,876
売上総利益	10,142,441

このK社の売上総利益率は、次のように、かんたんに計算されます。

$$\frac{売上総利益\ [10,142,441]}{売上高\ [28,094,317]} \times 100\% = 36.1\%$$

このK社の売上総利益率は36.1％で、3つの実例の中では、一番低い売上総利益率です。

65 本業の利益の読み方
―営業利益率―

1年間の本業の儲けは、次のように、**売上総利益から販売費及び一般管理費（販管費）を差し引いて計算されます。**

```
Ⅰ    売上高
Ⅱ   －売上原価
     売上総利益
Ⅲ   －販売費及び一般管理費
     営業利益
```

営業利益率は、その会社の本業の利益率で、会社の損益計算の中心と言えます。

この営業利益率は、次のような計算式で計算されます。

$$\frac{営業利益}{売上高} \times 100\%$$

この営業利益率は、会社の経営目的の利益率ですから、会社の維持・発展にとって最も中心となる利益率です。

経営の神様と言われた故松下幸之助氏は、「経験上、（営業利益率は）10％以上が理想」とされましたが、筆者も、利益剰余金を（60％まで）蓄積するという考え方から、営業利益率は**10％以上が理想**と考えております。

営業利益率の全産業平均は3.5％ぐらいと考えられます。

続いて、実例で見てみましょう。

1　実例1　（超成功例）O社の場合（単位：百万円）

損益計算書

売上高	145,393
～　省略　～	
売上総利益	111,410
販売費及び一般管理費	79,488
営業利益	31,922

このO社の営業利益率は、次のように、かんたんに計算されます。

$$\frac{営業利益 [31,922]}{売上高 [145,393]} \times 100\% = 22.0\%$$

医薬品業の営業利益率の平均値は18％前後ですが、O社は22.0％となっており、非常に高い比率となっています。理想的ですね。

2　実例2　S社の場合（単位：千円）

損益計算書

売上高	28,094,317
～　省略　～	
売上総利益	10,142,441
販売費及び一般管理費	14,138,358
営業利益	△3,995,917

このS社の営業利益率は、次のように、かんたんに計算されます。

$$\frac{営業利益 [-3,995,917]}{売上高 [28,094,317]} \times 100\% = -14.2\%$$

S社の営業利益率は－14.2％で、本業に大失敗している例と言えます。

66 IFRSでは無くなる経常利益率
―いままでの経営上の利益―

　これまでの経営上の利益として、株主、投資家、学者、アナリスト、証券関係者、そして市場関係者が**損益計算の中心として利用してきた利益率**は、**経常利益率**でした。この経常利益は"ケイツネ"と呼ばれてきました。

　この経常利益率は、次の計算式で計算されました。

$$\frac{経常利益}{売上高} \times 100\%$$

　全産業平均は営業利益率より若干低いのですが、ほぼ同じくらいの**3.3%**ぐらい（金利を引く分低い）です。
　経常利益率の理想は、営業利益率と同じで**10%以上**です。
　IFRSでは、この経常利益率は無くなります。
　IFRSの利益率については、68を参照してください。
　では、実際の例で経常利益率を見てみましょう。

1　実例1　（超成功例）O社の場合（単位：百万円）

損益計算書

売上高	145,393
～　省略　～	
営業利益	31,922
営業外収益	3,208
営業外費用	1,175
経常利益	33,955

　このO社の経常利益率は、次のように、かんたんに計算されます。

$$\frac{経常利益\ [33,955]}{売上高\ [145,393]} \times 100\% = 23.4\%$$

　このように、いままでの金利を支払った後の経営上の利益とされた経常利益についても、このO社は超成功しているわけです。

2　実例2　S社の場合（単位：千円）

損益計算書

売上高	28,094,317
～　省略　～	
営業利益	△3,995,917
営業外収益	1,038,693
営業外費用	530,555
経常利益	△3,487,779

　このS社の経常利益率は、次のように、かんたんに計算されます。

$$\frac{経常利益\ [-3,487,779]}{売上高\ [28,094,317]} \times 100\% = -12.4\%$$

　S社の経常利益率は－12.4％で、経営に大失敗している例です。

67 税金等を差し引く前の利益率と当期純利益率の読み方

1 税引前当期純利益率

これまでの経常利益に、特別利益を加え、特別損失を差し引いた利益が税引前当期純利益です。

日本基準の連結決算書では、税金等調整前当期純利益となります。

```
     経常利益
     特別利益
   －特別損失
   ─────────
     税引前当期純利益
```

この比率である税引前当期純利益率は、次のような計算式で計算します。

$$\frac{税引前当期純利益}{売上高} \times 100\%$$

この**税引前当期純利益率も理想は、10％以上**と考えてよいでしょう。

では、実際の例で見てみましょう。

実例1　O社の税引前当期純利益率（単位：百万円）

損益計算書

売上高	145,393
～　省略　～	
経常利益	33,955
特別利益	771
特別損失	66
税引前当期純利益	34,660

このO社の税引前当期純利益は、次のような計算式で計算します。

$$\frac{税引前当期純利益 [34,660]}{売上高 [145,393]} \times 100\% = 23.8\%$$

税金を引く前の純利益でも、O社は大成功していることがわかります。

2 当期純利益率

損益計算としては、最終利益が当期純利益です。
この当期純利益は、ふつう、次のように計算されます。

```
    税引前当期純利益
   －法人税等（法人税、住民税、事業税）
    当期純利益
```

この比率である当期純利益率は、次のような計算式で計算します。

$$\frac{当期純利益}{売上高} \times 100\%$$

この**当期純利益率の理想**は、営業利益率が10％以上であることを前提として、**少なくとも5％以上**です。なお、**全産業平均は2.5％**ぐらいです。

実際の例で見てみましょう。

実例2　O社の当期純利益率（単位：百万円）

損益計算書

売上高	145,393
～　省略　～	
税引前当期純利益	34,660
法人税等	10,538
当期純利益	24,122

このO社の当期純利益率は、次のような計算式で計算します。

$$\frac{当期純利益 [24,122]}{売上高 [145,393]} \times 100\% = 16.6\%$$

このO社は、営業利益率が10％以上をはるかに超えた22.0％を前提として、当期純利益率の理想の5％をはるかに超えた16.6％の当期純利益率ですから、この年度に大成功していることがわかります。

68 IFRSの利益率

IFRSの利益率は、次のとおりです。

1 売上総利益率

IFRSの売上総利益率は、これまでの売上総利益率と同じです。
次の計算式で計算します。

$$\frac{売上総利益（売上高－売上原価）}{売上高} \times 100\%$$

2 営業利益率

IFRSの営業利益率は、売上総利益率と異なり、これまでとまったく違っています。

これまでの本業の利益率である営業利益は、前の32などで述べましたように、次のとおりです。

$$営業利益＝売上高－売上原価・販売費及び一般管理費$$

これに対して、IFRSの営業利益は、次のとおりです。

$$営業利益＝売上高－売上原価・販売費及び一般管理費＋その他営業収益（または、その他収益）－その他営業費用（または、その他費用）$$

その結果、IFRSの営業利益率は、次の計算式になります。

$$\frac{売上高－売上原価・販売費及び一般管理費＋その他収益－その他費用}{売上高} \times 100\%$$

つまり、これまでの本業の利益率から金融収益と金融費用を除いた株主のための事業利益率（全事業利益率）と考えることができます。

これまでの営業利益率と全然違った営業利益率ということです。
しかし、それでもIFRSの営業利益率の理想は10％以上です。これまでと同じです。

3　税引前当期利益率

これまでの経常利益率は、IFRSでは無くなりました。ですから、IFRSにおいて営業利益率の次は、金融収益（財務収益）・金融費用（財務費用）を加減して、この税引前当期利益率となります。

IFRSの税引前当期利益率は、これまでの税引前当期純利益利率と同じです。

$$\frac{税引前当期利益}{売上高} \times 100\%$$

この**税引前当期利益率の理想は、10％以上**と考えられます。ただし、これまでの異常な利益（特別利益）、異常な損失（特別損失）が含まれますから、異常な利益額、異常な損失額が大きいと、税引前当期利益率に大きな影響を及ぼします。つまり、IFRSでは分析評価をするときに、異常な利益額、異常な損失額に注意をしなければいけません。

4　当期利益率

IFRSの当期利益率は、これまでの当期純利益率とまったく同じです。
次の計算式で計算します。

$$\frac{当期利益}{売上高} \times 100\%$$

この**当期利益率の理想は、これまでの営業利益率10％以上を前提として、5％以上**です。
なお、**全産業平均は2.5％**ぐらいです。

69 IFRSの実例で読む

ここでは、IFRSの損益計算書の実際例（あくまでも1つの例）で、**売上総利益率、営業利益率、税引前当期利益率、当期利益率**を見てみましょう。

実例　NT社の場合（単位：百万円）

なお、アメリカでは、マイナス表示は（カッコ）でくくります。

[連結損益計算書]

売上収益	2,120,196
売上原価	(899,392)
売上総利益	1,220,804
その他の営業収益	42,165
持分法による投資利益	2,775
販売費及び一般管理費等	(733,169)
営業利益	532,575
金融収益	5,493
金融費用	(28,292)
税引前利益	509,776
法人所得税費用	(158,258)
当期利益	351,518

1　売上総利益率の計算

IFRSの売上総利益率も、これまでの売上総利益計算とまったく同じです。実例のNT社では、次のように計算します。

$$\frac{売上総利益\ [1{,}220{,}804]}{売上高\ [2{,}120{,}196]} \times 100\% = 57.6\%$$

NT社は、全産業平均の22％前後と比較すると、非常に高いことになります。

2　営業利益率の計算

IFRSの営業利益率は、これまでの本業の利益である営業利益とは、まったく違います。

これは、株主から見たら、利益は、正常だろうが、異常だろうが、それは関係なく、全事業の収益、費用を重視するのです。

したがって、IFRSで計算される営業利益は、金融収益・金融費用を除いた全事業の利益と考えられます。

計算は、かんたんで、次のように計算します。

$$\frac{営業利益 \ [532,575]}{売上高 \ [2,120,196]} \times 100\% = 25.1\%$$

NT社の金融収益・費用を除いた全事業利益の利益率が25.1％で、理想は10％以上と考えられますから、大成功ということができます。

3 税引前当期利益率の計算

IFRSの税引前当期利益率は、これまでの税引前当期純利益率の計算と同じように計算できます。

実例のNT社では、次のように計算します。

$$\frac{税引前当期利益 \ [509,776]}{売上高 \ [2,120,196]} \times 100\% = 24.0\%$$

税引前当期純利益率は10％以上が理想ですから、NT社は超成功していると考えてよいでしょう。

4 当期利益率の計算

IFRSの当期利益率の計算も、これまでの当期純利益率の計算と同じです。

実例のNT社では、次のように計算します。

$$\frac{当期利益 \ [351,518]}{売上高 \ [2,120,196]} \times 100\% = 16.6\%$$

NT社の当期純利益率は5％以上ですから、営業利益率10％以上を前提として、この年は、大成功ということです。

このように、IFRSの読み方は、これまでの経常利益が無くなって、また、営業利益が、本業の利益から、金融収益・金融費用を除いた全事業（異常な利益・損失も含めた）利益に変わったと言うことができます。

70 売上に対する仕入のコストの読み方
―売上原価率―

　売上高と売上原価の関係は、すでに見てきましたが、ここでは、最も大切な原価性分析の１つ、**売上原価率**を読んでみましょう。

　この売上高と売上原価の対応は、直接的な対応関係で、売ったモノの売値と、そのモノを買ったときの買値との比較分析です。

買ったルイヴィトンのカバン	10,000円（売上原価）
売ったルイヴィトンのカバン	20,000円（売上高）

売上原価率は、次の計算式で計算します。

$$\frac{売上原価}{売上高} \times 100\%$$

上の例におけるルイヴィトンのカバンの場合は、次のとおりです。

$$\frac{売上原価 [10,000円]}{売上高 [20,000円]} \times 100\% = 50\%$$

　この場合、売上原価率は50％ということです。
　売上原価率は、業種によって違いますから、異業種では比較できませんが同業種の会社間では比較できますし、同一会社の年度比較は、当然できます。
全産業平均では80％前後であり、医薬品業では38％前後ぐらいです。
　では、実際の例で見てみましょう。

1　実例１　医薬品業Ｏ社の場合（単位：百万円）

損益計算書

売上高	145,393
売上原価	33,983
売上総利益	111,410

O社の売上原価率は、次のように、かんたんに計算されます。

$$\frac{売上原価 [33,983]}{売上高 [145,393]} \times 100\% = 23.4\%$$

医薬品業の売上原価率の平均値は38％前後ですが、O社は23.4％と、非常に低い比率となっています。理想的ですね。

2　実例2　電気機器業F社の場合（単位：百万円）

損益計算書

売上高	498,395
売上原価	258,670
売上総利益	239,725

このF社の売上原価率は、次のように、かんたんに計算されます。

$$\frac{売上原価 [258,670]}{売上高 [498,395]} \times 100\% = 51.9\%$$

電気機器業の売上原価率の平均値は80％前後ですから、F社はとても低く、理想的だと言えます。

3　実例3　K社の場合（単位：千円）

損益計算書

売上高	28,094,317
売上原価	17,951,876
売上総利益	10,142,441

このK社の売上原価率は、次のように、かんたんに計算されます。

$$\frac{売上原価 [17,951,876]}{売上高 [28,094,317]} \times 100\% = 63.9\%$$

この3つの実例の中では、一番高い売上原価率です。

71 売上に対する販売にかかるコストと管理に対するコストの読み方
―販売費及び一般管理費率(販管費率)―

　ここまで見てきましたように、売上を得るためには、広告宣伝や営業マンへの給料といった販売費、支払家賃や支払賃借料、減価償却費などの会社全般にかかる管理費が必要となります。
　これを、**販売費及び一般管理費（販管費）** と言います。
　この**販売費及び一般管理費率（販管費率）** は、次のような計算式で計算します。

$$\frac{販売費及び一般管理費（販管費）}{売上高} \times 100\%$$

　この販管費率は、業種によって異なりますが、**全産業平均は16％前後**です。
では、実際の例で見てみましょう。

1　実例1　O社の場合（単位：百万円）

損益計算書

売上高	145,393
～　省略　～	
売上総利益	111,410
販売費及び一般管理費	79,488
営業利益	31,922

　このO社の販管費率は、次のように、かんたんに計算されます。

$$\frac{販管費 [79,488]}{売上高 [145,393]} \times 100\% = 54.7\%$$

医薬品業の平均値は42％前後ですが、O社は54.7％と、高い比率となっています。

2　実例2　S社の場合（単位：千円）

損益計算書

売上高	28,094,317
～　省略　～	
売上総利益	10,142,441
販売費及び一般管理費	14,138,358
営業利益	△3,995,917

このS社の販管費率は、次のように、かんたんに計算されます。

$$\frac{販管費\ [14,138,358]}{売上高\ [28,094,317]} \times 100\% = 50.3\%$$

小売業の販管費率の平均は26％前後ですから、S社の販管費率はかなり高い比率となっています。

この販売費及び一般管理費を構成する各個別の費用、たとえば、人件費とか、広告宣伝費とか、研究開発費とかといった、その会社の重要な費用は、個別に売上高と対応させて、その比率の推移で利益への影響を分析評価します。

72 損益計算書の読み方の重点ポイント

　ここでは、企業が将来的にも存続して、社会に貢献し続けるための利益をあげているかどうかを判断する利益額（**持続可能な利益額**）を見てみましょう。

　IFRSのように、株主・投資家のための損益計算書であろうが、これまでの日本基準のように本業を中心とした会社と投資家保護のための損益計算書であろうが、最も大切なことは、会社ができる限り、強く、安全で、長生きして社会に役に立っていこうとすることです。

　それは、株主や投資家であれ、従業員であれ、その他の利害関係者であれ、歓迎されることはあっても、否定できないはずです。

　国際社会が株主・投資家中心の国際会計基準、IFRSで統一されるとしても、偏った、過剰な株主重視のものであってはならないものと考えます。

　特に損益計算書（包括利益計算書）を読み取る場合には、会社が、これからも維持され、続いていくために必要な利益額と利益率が存在するはずです。

　それには、その会社の目的である本業で生き続けられるかどうかということが読み取れなければならないのです。

　なぜなら、会社は、その本業の目的で設立され、持続して社会に役立っていかなければならないからです。

　本業の利益（これまでの営業利益）は、先に見たように、次のような計算式で計算されます。

本業の利益＝売上高－売上原価－販売費及び一般管理費

　しかし、これだけでは、真の持続可能な利益とは言えません。

　上の本業の利益では、**会社経営に必要不可欠な借金の金利が差し引かれていない**からです。

また、持っている現金預金の利用による必要不可欠の利息や配当金の受取が無視されています。
　このような本業につきものの、支払利息関係や受取利息・受取配当金は、真の経営上の利益額にかかわらせなければならないのです。
　そこで、分析上で必要な、真の経営上の利益額（持続可能利益と名づけます）は、次のように計算します。

持続可能利益＝売上高－売上原価－販管費＋受取利息・受取配当金
　　　　　　－支払利息関係

　これは、次のように言い換えることができます。

　どんな考え方を取ろうとも、会社の本業の利益額は、左の式で見たとおりです。
　そして、この本業の利益（営業利益）は、利益剰余金の影響を受けないのです。

　ところが、**受取利息・受取配当金と支払利息関係**（支払利息という名前だけでなく、社債利息とか有価証券利息などといった科目もあります）は、利益剰余金の影響を大きく受けるわけですから、過去の歴史の結果も反映してこそ、真の持続可能な経営上の利益額が計算されなければならないのです。
　このような観点からも、上の式で算出される利益こそが、真の持続可能な利益と考えられるわけです。

73 損益計算書（包括利益計算書）の重点ポイントとなる利益率
―持続可能利益率―

経営上の真の利益額、持続可能利益を比率であらわしますと、次のような計算式で計算します。

$$\frac{持続可能利益（売上高－売上原価－販管費＋受取利息・受取配当金－支払利息関係）}{売上高} \times 100\%$$

この**持続可能利益率**は、本業の利益率と同じように**10％以上が理想**です。

つまり、持続可能利益率が10％以上なら、持続可能会社として理想的だと言うこととなります。

では、実際の例で見てみましょう。

1　実例1　O社の場合（単位：百万円）

損益計算書

売上高	145,393
～　省略　～	
営業利益	31,922
受取利息	788
受取配当金	1,786
支払利息	0
持続可能利益	34,496

［売上高－売上原価－販管費］＝これまでの営業利益ですが、［営業利益＋受取利息・配当金－支払利息関係］で、持続可能利益が計算されます。

このO社の持続可能利益率は、次のように計算されます。

$$\frac{持続可能利益 [34,496]}{売上高 [145,393]} \times 100\% = 23.7\%$$

持続可能利益率の理想は10％以上ですから、O社は、その倍以上で、それも本業からの真の経営上の利益ですから、超理想状態にあると言えます。

2 実例2　IFRSの例　H社の場合（単位：百万円）

連結包括利益計算書

収益	
売上収益	372,494
金融収益（受取利息・受取配当金）	965
その他の収益	38,809
費用	
売上原価	78,013
販売費及び一般管理費	162,228
金融費用	2,086
減損損失	1,119
持分法による投資損失	11,912
その他の費用	67,571

このH社の持続可能利益は、次のとおりです。

$$売上収益[372,494] - 売上原価[78,013] - 販管費[162,228] + 受取利息・配当金[965] - 支払利息関係[2,086] = 131,132$$

このH社の持続可能利益率は、次のように計算します。

$$\frac{持続可能利益 [131,132]}{売上収益 [372,494]} \times 100\% = 35.2\%$$

このH社の持続可能利益率は、理想の10％以上の3倍以上で、経営に大成功していることがわかります。

74 当期純利益は、現金預金等の増加となっているか？

　キャッシュ・フロー計算書の一番の必要性は、損益計算書で計算された当期純利益が現金および現金同等物（キャッシュ・フロー）の増加につながっているか、逆に減少となってしまっていないかどうかを確かめることです。

　そこで、次のような比較を行って、それを読み取ることができます。

　つまり、損益計算書の当期純利益とキャッシュ・フロー計算書の営業活動によるキャッシュ・フローを比較することです。

　次のような分析ができます。

パターン	当期純利益		営業活動によるキャッシュ・フロー
1	＋	------▶	＋
2	＋	------▶	－
3	－	------▶	＋
4	－	------▶	－

パターン	解説
1のパターン	稼いだ当期純利益で、現金預金等が増加しており、金額が大きいほど良いということです。 　正常で良いパターンです。
2のパターン	当期純利益が出たにもかかわらず、現金預金等が逆に減っており、資金的には良くないということです。 　異常なパターンで、これが続くと黒字倒産ということになります。
3のパターン	当期純損失が出たにもかかわらず、現金預金等が増えており、資金的には良いというパターンです。
4のパターン	当期純損失が出て、そのとおり、現金預金が減っており、金額が大きいほど最悪の状態ということになります。

　では、実際の例で見てみましょう。

1　実例1　O社の場合（単位：百万円）

連結損益計算書	キャッシュ・フロー計算書
当期純利益　24,120	営業活動によるキャッシュ・フロー　15,661

　このO社は24,120百万円の純利益を稼ぎ、現金預金等を15,661百万円増加させたことがわかります。
　左の1のパターンに該当し、正常で良い状況です。

2　実例2　K社の場合（単位：千円）

連結損益計算書	キャッシュ・フロー計算書
当期純損失　4,922,596	営業活動によるキャッシュ・フロー　△3,738,379

　K社は、49億円強の純損失を出し、この結果、37億円強の現金預金等を減らしたことになります。
　左の4のパターンに該当し、最悪の状況です。

ちょっとした知識

　損益計算書の当期純利益と、キャッシュ・フロー計算書の営業活動によるキャッシュ・フローとが完全に対応するかというと、厳密には、有価証券売却益、固定資産売却益、投資有価証券売却益の3つが投資活動によるキャッシュ・フローの収入となるため、違ってきます。
　しかし、その金額が小さい場合には無視してもよいですし、大きな金額なら修正すれば、完全に一致します。
　その場合、その売却益額を営業活動によるキャッシュ・フローに足して（＋して）比較すればよいのです。

75 本業の利益は、現金預金等の増加となっているか？

ところで、これまでのキャッシュ・フロー計算書では、**税引前当期純利益**（連結では税金等調整前当期純利益）から始まり、**小計**を計算して、**営業活動によるキャッシュ・フロー**を計算する形で作成されていました。

この場合、損益計算書の本業の利益に対応する現金及び現金同等物を確かめることができます。

それは、**営業活動によるキャッシュ・フローの小計**を見れば確かめることができます。

これは、前の74と違い、正確な対応関係になります。

そこで、次のような比較を行って、読むことができます。

つまり、損益計算書の本業の利益とキャッシュ・フロー計算書の営業活動によるキャッシュ・フローの小計を比較することです。

これによって、次のような分析ができます。

パターン	本業の利益 （これまでの営業利益）		営業活動による キャッシュ・フロー
1	＋	------▶	＋
2	＋	------▶	－
3	－	------▶	＋
4	－	------▶	－

パターン	解説
1のパターン	稼いだ本業の利益で、現金預金等が増加しており、金額が大きいほど良いということです。 正常で良いパターンです。

2のパターン	本業の利益が出たにもかかわらず、現金預金等が逆に減っており、資金的には良くないということです。 異常なパターンで、これが続くと黒字倒産ということになります。
3のパターン	本業の損失が出たにもかかわらず、現金預金等が増えており、資金的には良いというパターンです。
4のパターン	本業の損失が出て、そのとおり、現金預金が減っており、金額が大きいほど最悪の状態ということになります。

では、実際の例で見てみましょう。

1　実例1　O社の場合（単位：百万円）

連結損益計算書　　　　　　**キャッシュ・フロー計算書**
営業利益　31,921　　営業活動によるキャッシュ・フローの小計　28,012

このO社は31,921百万円の本業の利益を稼ぎ、現金預金等を28,012百万円増加させたことがわかります。左の**1のパターンに該当し、良い状況**です。

2　実例2　K社の場合（単位：千円）

連結損益計算書　　　　　　**キャッシュ・フロー計算書**
営業損失　3,995,917　営業活動によるキャッシュ・フローの小計　△3,588,688

このK社は40億円弱の本業の損失を出し、この結果、35億円強の現金預金等を減らしたことになります。左の**4のパターンに該当し、最悪の状況**です。

75　本業の利益は、現金預金等の増加となっているか？

76 フリーキャッシュ・フローを読む

　フリーキャッシュ・フローとは、キャッシュ・フロー計算書の営業活動によるキャッシュ・フローから投資活動によるキャッシュ・フローを差し引いたものです。
　フリーキャッシュ・フローは、その名のとおり、自由に使える現金預金等ということです。
　2つのフリーキャッシュ・フローがあります。

```
[第1のフリーキャッシュ・フロー]
　　営業活動によるキャッシュ・フロー
　　－投資活動によるキャッシュ・フロー
　　　フリーキャッシュ・フロー
```

　第1のフリーキャッシュ・フローは、会社の当期純利益により獲得されたキャッシュ・フローから、必要な設備投資などを含めた、すべての投資に使われたキャッシュ・フローを差し引いたものですから、この余った現金預金等を、借入金の返済に使おうと株主への配当金に使おうと従業員のボーナスに使おうと、会社の自由だということです。

```
[第2のフリーキャッシュ・フロー]
　　営業活動によるキャッシュ・フロー
　　－設備投資（有形固定資産の購入）によるキャッシュ・フロー
　　　フリーキャッシュ・フロー
```

　第2のフリーキャッシュ・フローは、会社の当期純利益により獲得されたキャッシュ・フローから、設備投資に使われたキャッシュ・フローだけを差し引いて余った現金預金等をフリーキャッシュ・フローと考えてもよいということから考えられたフリーキャッシュ・フローです。
　一般には、第1のフリーキャッシュ・フローが使われます。

　では、実例で見てみましょう。

1　実例1　第1のフリーキャッシュ・フロー：O社の場合（単位：百万円）

第1のフリーキャッシュ・フロー	
営業活動によるキャッシュ・フロー	
税金等調整前当期純利益	40,009
〜　省略　〜	
小計	32,776
〜　省略　〜	
営業活動によるキャッシュ・フロー	21,634
投資活動によるキャッシュ・フロー	
〜　省略　〜	
−投資活動によるキャッシュ・フロー	△133
フリーキャッシュ・フロー	21,501

　フリーキャッシュ・フローが215億円となっており、大きな金額が自由に使えるということで大成功の会社と言えます。

2　実例2　第2のフリーキャッシュ・フロー：O社の場合（単位：百万円）
　同じO社でも第2のキャッシュ・フローの場合は、次のとおりです。

営業活動によるキャッシュ・フロー	21,634
投資活動によるキャッシュ・フロー	
有価証券の取得による支出	△33,001
有価証券の売却及び償還による収入	66,370
有形固定資産の取得による支出	△2,023
投資有価証券の取得による支出	△30,882
〜　省略　〜	
−投資活動によるキャッシュ・フロー	△133

　この第2のフリーキャッシュ・フローは、次のように計算します。

第2のフリーキャッシュ・フロー	
営業活動によるキャッシュ・フロー	21,634
−有形固定資産の取得による支出	△2,023
	19,611

　ということで、これも196億円と、自由に使える金額が大きく、この計算でも大成功と言えます。
　成長している会社や、拡大する会社は、設備投資等の投資を活発に行いますので、フリーキャッシュ・フローはマイナスになります。ただし、フリーキャッシュ・フローがマイナスだからといっても悪い会社とは限りません。

77 キャッシュ・フローによる税引前当期純利益率と当期純利益率

1　キャッシュ・フローによる税引前当期純利益率

　キャッシュ・フローの税引前当期純利益は、超かんたんで、営業活動によるキャッシュ・フローに法人税等（支払法人所得税、法人所得税の支払額、など）を加算して計算されます。還付税の収入がある場合には差し引きます。

　したがって、キャッシュ・フローによる税引前当期純利益率は、次のような計算式で計算します。

$$\frac{営業活動によるキャッシュ・フロー ＋ 法人税等の支払額}{売上高} \times 100\%$$

　この**税引前当期純利益率も理想は、10％以上**と考えて良いでしょう。

　なお、分子の法人税等の支払額のほか、還付税額の場合とか、調整税額がある場合には、加減します。

　では、実際の例で見てみましょう。

(1)　実例1　O社の場合（単位：百万円、売上高145,778百万円）

連結キャッシュ・フロー計算書

営業活動によるキャッシュ・フロー	
税金等調整前当期純利益	40,009
〜　省略　〜	
小計	32,776
〜　省略　〜	
法人税等の支払額	△14,103
営業活動によるキャッシュ・フロー	21,634

このO社のキャッシュ・フローによる税引前当期純利益は、次のように計算されます。

営業活動によるキャッシュ・フロー[21,634]＋法人税等の支払額[14,103]＝35,737

そして、O社のキャッシュ・フローによる税引前当期純利益率は、次のように計算します。

$$\frac{キャッシュ・フローによる税引前当期純利益　[35,737]}{売上高　[145,778]} \times 100\% = 24.5\%$$

この結果、O社の場合、税引前当期純利益率の理想である10％以上で、しかもその2.4倍以上ですから、大成功ということです。

(2) 実例2　S社の場合（単位：千円、売上高23,773,061千円）

キャッシュ・フロー計算書

営業活動によるキャッシュ・フロー	
税金等調整前当期純利益	△779,349
〜　省略　〜	
小計	△370,678
〜　省略　〜	
法人税等の支払額	△154,519
営業活動によるキャッシュ・フロー	△534,337

S社のキャッシュ・フローによる税引前当期純利益は、次のように計算されます。

営業活動によるキャッシュ・フロー[－534,337]＋法人税等の支払額[154,519]＝－379,818

そして、S社のキャッシュ・フローによる税引前当期純利益率は、次のように計算します。

$$\frac{キャッシュ・フローによる税引前当期純利益　[-379,818]}{売上高　[23,773,061]} \times 100\% = -1.6\%$$

77　キャッシュ・フローによる税引前当期純利益率と当期純利益率

結果として、キャッシュ・フローの視点においても、S社は失敗して、現金及び現金同等物が減少したことをあらわしています。

2 キャッシュ・フローによる当期純利益率

損益計算書としては、最終利益が当期純利益です。

キャッシュ・フロー計算書の当期純利益は、営業活動によるキャッシュ・フローです。

このキャッシュ・フロー計算書の当期純利益を用いて算出される利益率は、現金預金等の当期純利益率ですから、損益計算書（包括利益計算書）の当期純利益率よりも、確実性が高いと言うことができます。

キャッシュ・フローによる当期純利益率は、次の計算式で計算します。

$$\frac{営業活動によるキャッシュ・フロー}{売上高} \times 100\%$$

この**当期純利益率の理想は、営業利益率が10％以上**であることを前提として**5％以上**です。

では、実際の例で見てみましょう。

(1) 実例3　F社の場合（単位：百万円、売上高498,395百万円）

営業活動によるキャッシュ・フロー	158,848

F社のキャッシュ・フローによる当期純利益率は、次のように計算します。

$$\frac{営業活動によるキャッシュ・フロー [158,848]}{売上高 [498,395]} \times 100\% = 31.9\%$$

F社のこの期の現金及び現金同等物による当期純利益は、大成功と言うことができます。

また、F社のキャッシュ・フローによる本業の営業利益率も、78の2の実例1によるように48.7％ですから、真に大成功と言えます。

(2) 実例4　S社の場合（単位：千円、売上高23,773,061千円）

営業活動によるキャッシュ・フロー　　　　　△534,337

S社のキャッシュ・フローによる当期純利益率は、次のように計算します。

$$\frac{営業活動によるキャッシュ・フロー\ [-534,337]}{売上高\ [23,773,061]} \times 100\% = -2.2\%$$

　キャッシュ・フローの視点においても、S社は、当期純利益率を現金及び現金同等物で計算しても、失敗していることがわかります。

78 キャッシュ・フローによる本業の利益率

1　キャッシュ・フローによる営業利益率

　営業活動によるキャッシュ・フローを、これまでのキャッシュ・フロー計算書のように税引前当期純利益（税金等調整前当期純利益）から始まり、小計を出す形のキャッシュ・フローでは、キャッシュ・フローによる本業の利益（従来の営業利益：IFRSの営業利益ではない。）を計算することができます。

　この場合の、キャッシュ・フローによる営業利益率は、次の計算式で計算します。

$$\frac{\text{営業活動によるキャッシュ・フローの小計}}{\text{売上高}} \times 100\%$$

　このキャッシュ・フローによる営業利益率の理想は10％以上であり、損益計算書（包括利益計算書）の本業の利益率よりも現金預金等の利益率ですから、確実性が高いと言うことができます。
　では、実例で見てみましょう。

2　実例１　Ｆ社の場合（単位：百万円、売上高498,395百万円）

営業活動によるキャッシュ・フロー	
〜　省略　〜	
小計	242,628
〜　省略　〜	
営業活動によるキャッシュ・フロー	158,848

　Ｆ社のキャッシュ・フローによる営業利益率は、次の計算式で計算します。

$$\frac{\text{営業活動によるキャッシュ・フローの小計 [242,628]}}{\text{売上高 [498,395]}} \times 100\% = 48.7\%$$

　この結果、F社のキャッシュ・フローによる営業利益率は、理想の10％の5倍弱という率で、現金預金等が増加していることがわかります。

3　実例2　S社の場合（単位：千円、売上高23,773,061千円）

営業活動によるキャッシュ・フロー	
〜　省略　〜	
小計	△370,678
〜　省略　〜	
営業活動によるキャッシュ・フロー	△534,337

　S社のキャッシュ・フローによる営業利益率は、次の計算式で計算します。

$$\frac{\text{営業活動によるキャッシュ・フローの小計 [−370,678]}}{\text{売上高 [23,773,061]}} \times 100\% = -1.6\%$$

　この結果、S社のキャッシュ・フローによる営業利益率は、マイナス1.6％という率で、現金預金等が減少して本業に失敗していることがわかります。

79 キャッシュ・フロー計算書の重点ポイントとなる利益率
―キャッシュ・フローによる持続可能利益率―

　経営上の真の利益額、持続可能利益をキャッシュ・フロー計算書で見ますと、これまでのキャッシュ・フロー計算書の場合のように税引前当期純利益から始まり、小計が出ているキャッシュ・フロー計算書の場合には、持続可能利益は、前に見ましたように（売上高－売上原価－販管費＋受取利息・受取配当金－支払利息関係）で計算されますが、小計の出ている営業活動によるキャッシュ・フローでは、次のような形でキャッシュ・フローによる持続可能利益が計算されます。

> 営業活動によるキャッシュ・フローの小計＋利息・配当金の収入－利息の支払

　したがって、キャッシュ・フローによる持続可能利益率は、次のような計算式で計算し、これがキャッシュ・フロー計算書の中心核の比率です。

$$\frac{\text{営業活動によるキャッシュ・フローの小計＋利息・配当金の収入－利息の支払}}{\text{売上高}} \times 100\%$$

　この持続可能利益率は、本業の利益率と同じように10％以上が理想です。
　つまり、キャッシュ・フロー計算書のキャッシュ・フローによる持続可能利益率が10％以上ならば、損益計算書の持続可能利益率で見るよりも確実な現金預金等での持続可能会社として理想的だということになります。

　では、実際の例で見てみましょう。

(1) 実例1　F社の場合（単位：百万円、売上高498,395百万円）

営業活動によるキャッシュ・フロー	
〜　省略　〜	
小計	242,628
利息及び配当金の受取額	4,495
利息の支払額	－
〜　省略　〜	
営業活動によるキャッシュ・フロー	158,848

　このF社のキャッシュ・フローによる持続可能利益率は、次の計算式で計算します。

$$\frac{営業活動によるキャッシュ・フローの小計[242,628]+利息及び配当金の受取額[4,495]}{売上高\ [498,395]} \times 100\% = 49.6\%$$

　この結果、F社のキャッシュ・フローによる営業利益率は、理想の10％の5倍という率で、現金預金等が増加していることがわかります。
　持続可能会社として大成功ということです。

(2) 実例2　S社の場合（単位：千円、売上高23,773,061千円）

営業活動によるキャッシュ・フロー	
〜　省略　〜	
小計	△370,678
利息及び配当金の受取額	7,236
利息の支払額	△16,375
〜　省略　〜	
営業活動によるキャッシュ・フロー	△534,337

　S社のキャッシュ・フローによる持続可能利益率は、次の計算式で計算します。

$$\frac{営業活動によるキャッシュ・フローの小計[-370,678]+利息及び配当金の受取額[7,236]-利息の支払額[16,375]}{売上高\ [23,773,061]} \times 100\% = -1.6\%$$

　この結果、S社のキャッシュ・フローによる持続可能利益率は、マイナス1.6％という率で、現金預金等が減少して会社の持続可能に失敗していることがわかります。

80 総まとめ 決算書の3つの重点ポイント

ここでは、本書の「ツボ」である3つの数字をまとめます。

1 決算書の重点ポイント

［財政状態計算書（貸借対照表）の重点ポイントとも言えます。］

1番目のツボの数字：長期蓄積力比率

$$\frac{利益剰余金}{総資産（資産合計）} \times 100\%$$

設立から、現在までの長期の経営力がわかります。
長期蓄積力比率の理想は、60％です。
現在、上場会社（約3,500社）の平均値は約25％で、60％以上のほぼ無借金経営会社が約310社、50％以上（60％以上を含んで）が約610社という状況で、日本企業の経営力の強さをあらわしています。
なお、**利益剰余金がマイナスの場合**には、次の計算式で計算します。

$$\frac{-利益剰余金}{資産合計＋利益剰余金のマイナス分} \times 100\%$$

この**長期蓄積力比率が－40％以下になると、ほぼ倒産**となります。

2 損益計算書（包括利益計算書）の重点ポイント

2番目のツボの数字：持続可能利益率

$$\frac{売上高－売上原価－販売費及び一般管理費＋受取利息・配当金－支払利息関係}{売上高} \times 100\%$$

この**持続可能利益率の理想は、10％以上**です。

3　キャッシュ・フロー計算書の重点ポイント

3番目のツボの数字：**キャッシュ・フローによる持続可能利益率**

$$\frac{営業活動によるキャッシュ・フローの小計＋利息・配当金の収入－利息の支払}{売上高} \times 100\%$$

このキャッシュ・フローによる持続可能利益率の理想も、10％以上です。

　上記3つの重点ポイントである、3つのツボの比率だけで、ほぼその会社の数字上における財政状態、損益状態、現金預金等の状態が、かんたんにわかるのです。
　つまり、決算書を読むときに、3つのツボの数字だけを見れば、あなたも会社の経営状態を超かんたんに知ることができます！

財務3表（一例）

連結財政状態計算書(連結貸借対照表)（単位：百万円）

(平成X1年3月31日現在)

科目	金額	科目	金額
(資産の部)		(負債の部)	
流動資産		流動負債	
現金及び預金	812,870	支払手形及び買掛金	214,646
受取手形及び売掛金	135,689	未払法人税	31,301
有価証券	358,206	賞与引当金	2,431
製品	85,205	その他	83,922
仕掛品	438	流動負債合計	333,301
原材料及び貯蔵品	7,069	固定負債	
繰延税金資産	27,620	退職給付引当金	11,647
その他	42,362	その他	7,486
貸倒引当金	△756	固定負債合計	19,134
流動資産合計	1,468,706		
固定資産		負債合計	352,435
有形固定資産			
建物及び構築物（純額）	27,124	(純資産の部)	
機械装置及び運搬具（純額）	4,851	株主資本	
工具、器具及び備品（純額）	5,787	資本金	10,065
土地	41,606	資本剰余金	11,734
建設仮勘定	1,494	利益剰余金	1,502,631
有形固定資産合計	80,864	自己株式	△156,663
無形固定資産		株主資本合計	1,367,767
ソフトウェア	3,553	その他の包括利益累計額	
その他	1,986	その他有価証券評価差額金	△917
無形固定資産合計	5,539	為替換算調整勘定	△85,212
投資その他の資産		その他の包括利益累計額合計	△86,129
投資有価証券	38,228	少数株主持分	224
繰延税金資産	35,017	純資産合計	1,281,861
その他	5,940		
貸倒引当金	△0		
投資その他の資産合計	79,187		
固定資産合計	165,591		
資産合計	1,634,297	負債純資産合計	1,634,297

利益剰余金 → 利益の蓄積額

連結損益計算書（単位：百万円）

(自　平成X年4月1日　至　平成X1年3月31日)

科目	金額
売上高	1,014,345
売上原価	626,379
販売費及び一般管理費	216,889
営業利益	171,076
営業外収益	8,602
営業外費用	51,577
経常利益	128,101
特別利益	186
特別損失	353
税金等調整前当期純利益	127,934
法人税、住民税及び事業税	41,627
法人税等調整額	8,634
少数株主損益調整前当期純利益	77,671
少数株主利益又は少数株主損失(△)	50
当期純利益	77,621

当期純利益

連結キャッシュ・フロー計算書（単位：百万円）

(自　平成X年4月1日　至　平成X1年3月31日)

科　目	金　額
営業活動によるキャッシュ・フロー	
税金等調整前当期純利益	127,934
減価償却費	6,794
貸倒引当金の増減額(△は減少)	△221
退職給付引当金の増減額(△は減少)	2,586
受取利息及び受取配当金	△7,113
為替差損益(△は益)	39,464
持分法による投資損益(△は益)	40
売上債権増減額(△は増加)	△12,377
たな卸資産の増減額(△は増加)	20,109
仕入債務の増減額(△は減少)	△42,172
未払消費税等の増減額(△は減少)	△2,908
その他	3,515
小計	135,652
利息及び配当金受取額	7,676
利息の支払額	△2
法人税等の支払額	△65,222
営業活動によるキャッシュ・フロー	78,103
投資活動によるキャッシュ・フロー	
定期預金の預入による支出	△391,444
定期預金の払戻による収入	398,561
有価証券の取得による支出	△613,423
有価証券売却及び償還による収入	476,912
有形固定資産の取得による支出	△10,940
有形固定資産の売却による収入	536
投資有価証券の取得による支出	△13,468
その他	△771
投資活動によるキャッシュ・フロー	△154,038
財務活動によるキャッシュ・フロー	
自己株式の取得による支出	△79
配当金の支払額	△102,314
その他	△613,423
財務活動によるキャッシュ・フロー	△102,456
現金及び現金同等物に係る換算差額	△28,576
現金及び現金同等物の増減額(△は減少)	△206,967
現金及び現金同等物の期首残高	931,333
現金及び現金同等物の期末残高	724,366

ちょっとした知識

　連結とは、親会社・子会社を合体した決算書を言います。子会社を利用した粉飾（ゴマかし）を防ぐために、つまり、親子を合体してしまえば、ゴマかしができなくなるからで、1978年から財政状態計算書（貸借対照表）と損益計算書が連結で作成されるようになりました。連結キャッシュ・フロー計算書は2000年に日本に導入されたものです。いまでは親会社・子会社それぞれの個別の決算書よりも、連結決算書が重視され、分析も連結決算書で行うのがふつうです。

　ちなみに、電車の車両と車両のつなぎ目を「連結環」と言いますから、「連結決算書」という表現は、親と子をつないだ企業集団の合体した決算書を思い浮かばせます。

附 録

ここでは、本書の附録として、IFRSを適用した会社の決算書を掲載し、おおまかに、これまでの日本基準との比較をしてみます。

1 小野薬品工業

小野薬品工業株式会社は、第66期（平成26年3月期）より、国際財務報告基準（以下「IFRS」と言う。）によって連結財務諸表を作成しています。比較のため第65期（平成25年3月期）の諸数値も記載されています。

(1) 連結経営指標等の推移

回次		日本基準		国際会計基準	
		第65期	第66期	第65期	第66期
決算年月		2013年3月	2014年3月	2013年3月	2014年3月
売上高又は売上収益	（百万円）	145,393	145,170	142,806	143,247
営業利益	（百万円）	ー	ー	29,935	26,423
経常利益	（百万円）	33,954	27,694	ー	ー
税引前当期利益	（百万円）	ー	ー	33,001	29,458
当期純利益又は親会社の所有者に帰属する当期利益	（百万円）	24,120	19,300	22,919	20,350
包括利益又は当期包括利益合計	（百万円）	41,424	27,410	36,798	28,584
純資産額又は親会社の所有者に帰属する持分	（百万円）	423,291	431,573	438,351	447,599
総資産額	（百万円）	455,573	466,784	475,068	485,962
1株当たり純資産額又は1株当たり親会社所有者帰属持分	（円）	3,961.55	4,038.03	4,134.75	4,222.19
1株当たり当期純利益又は親会社の所有者に帰属する基本的1株当たり当期利益	（円）	227.51	182.05	216.18	191.96
潜在株式調整後1株当たり当期純利益又は親会社の所有者に帰属する希薄化後1株当たり当期利益	（円）	ー	ー	ー	ー
自己資本比率又は親会社所有者帰属持分比率	（％）	92.2	91.7	92.3	92.1
自己資本利益率又は親会社所有者帰属持分当期利益率	（％）	5.9	4.5	5.3	4.6
株価収益率	（倍）	25.2	49.1	26.5	46.6
営業活動によるキャッシュ・フロー	（百万円）	15,662	22,131	18,992	28,422
投資活動によるキャッシュ・フロー	（百万円）	7,170	12,819	4,365	6,926
財務活動によるキャッシュ・フロー	（百万円）	△18,847	△19,238	△19,372	△19,636
現金及び現金同等物の期末残高	（百万円）	89,117	104,898	89,117	104,898
従業員数	（名）	2,807	2,858	2,807	2,858

（出所）小野薬品工業株式会社Webサイト「平成26年3月期　有価証券報告書」（有価証券報告書：過去のデータ）。

小野薬品工業の日本基準とIFRSの連結経営指標等を比較しますと、売上高又は売上収益、税引前当期利益、当期利益、総資産額、各キャッシュ・フローの金額に大きな違いはないものの、違いがあります。
　もちろん、現金及び現金同等物の期末残高は、一致しています。
　その違いは、売上高又は売上収益の認識基準（出荷基準から着荷基準へ）の違いがありますし、減価償却費が税法基準から実態をあらわす経済耐用年数に基づく減価償却費へと変更したことなどによって違いが生じます。
　また、連結経営指標等を見ていただいてわかることは、経常利益が無くなり、営業利益（本業の利益としてではなく、異常な損益も含んだ全事業利益）が表示されています。
　以下、小野薬品工業のIFRSに基づく連結財務諸表を見ていきましょう。

(2)　小野薬品工業の連結財務諸表の特徴
　小野薬品工業の連結財政状態計算書、連結損益計算書、連結包括利益計算書は、次のとおり表示されています。

　①　連結財政状態計算書
　　　資産
　　　　流動資産
　　　　非流動資産
　　　負債及び資本
　　　　流動負債
　　　　非流動負債

　②　連結損益計算書
　　　売上収益
　　　売上総利益
　　　営業利益
　　　税引前当期利益
　　　当期利益

③ 連結包括利益計算書
　当期利益
　当期包括利益合計

以下、小野薬品工業の連結財務諸表の一部を掲載いたします。

(3) 連結財務諸表等
① 【連結財政状態計算書】

	注記番号	移行日 (2012年4月1日) (百万円)	前連結会計年度 (2013年3月31日) (百万円)	当連結会計年度 (2014年3月31日) (百万円)
資産				
流動資産				
現金及び現金同等物	7, 33	85,067	89,117	104,898
売上債権及びその他の債権	8, 33	42,605	43,385	42,240
有価証券	9, 33	39,715	40,022	22,295
その他の金融資産	10, 33	1,000	1,000	905
棚卸資産	12	18,514	23,195	24,232
その他の流動資産	11	678	721	958
流動資産合計		187,578	197,439	195,527
非流動資産				
有形固定資産	13	53,929	55,781	59,147
無形資産	14	20,029	18,869	22,690
投資有価証券	9, 20, 33	168,170	179,640	188,360
持分法で会計処理されている投資	15	933	1,001	1,008
その他の金融資産	10, 33	5,549	5,568	5,913
繰延税金資産	16	18,450	13,415	9,853
退職給付に係る資産	23	4,072	1,050	905
その他の非流動資産	11	2,278	2,303	2,559
非流動資産合計		273,410	277,628	290,434
資産合計		460,988	475,068	485,962

	注記番号	移行日 (2012年4月1日) (百万円)	前連結会計年度 (2013年3月31日) (百万円)	当連結会計年度 (2014年3月31日) (百万円)
負債及び資本				
流動負債				
仕入債務及びその他の債務	17, 33	9,479	9,007	10,836
借入金	18, 21, 33	463	472	508
その他の金融負債	19, 33	889	1,092	846
未払法人所得税		8,876	5,606	4,303
引当金	24	933	834	1,063
その他の流動負債	22	11,450	9,931	10,264
流動負債合計		32,090	26,942	27,820
非流動負債				
借入金	18, 21, 33	222	484	468
その他の金融負債	19, 33	13	14	17
退職給付に係る負債	23	2,313	3,467	3,945
引当金	24	85	86	87
繰延税金負債	16	846	898	1,002
その他の非流動負債	22	579	634	626
非流動負債合計		4,058	5,584	6,146
負債合計		36,147	32,526	33,966
資本				
資本金	25	17,358	17,358	17,358
資本剰余金	25	17,080	17,080	17,080
自己株式	25	△59,221	△59,231	△59,274
その他の資本の構成要素	25	△7,688	8,198	15,626
利益剰余金	25	453,401	454,946	456,809
親会社の所有者に帰属する持分		420,930	438,351	447,599
非支配持分		3,911	4,190	4,397
資本合計		424,841	442,542	451,996
負債及び資本合計		460,988	475,068	485,962

(出所) 小野薬品工業株式会社Webサイト「平成26年3月期　有価証券報告書」(有価証券報告書：過去のデータ)。

② 【連結損益計算書】

	注記番号	前連結会計年度 (自 2012年4月1日 至 2013年3月31日) (百万円)	当連結会計年度 (自 2013年4月1日 至 2014年3月31日) (百万円)
売上収益	6	142,806	143,247
売上原価		△31,479	△32,747
売上総利益		111,328	110,500
販売費及び一般管理費	27	△35,831	△38,381
研究開発費		△44,763	△44,413
その他の収益	29	354	338
その他の費用	29	△1,153	△1,620
営業利益		29,935	26,423
金融収益	30	3,029	3,107
金融費用	30	△10	△76
持分法による投資利益	15	46	4
税引前当期利益		33,001	29,458
法人所得税	16	△9,811	△8,910
当期利益		23,190	20,548
当期利益の帰属:			
親会社の所有者		22,919	20,350
非支配持分		270	198
当期利益		23,190	20,548
1株当たり当期利益:			
基本的1株当たり当期利益(円)	32	216.18	191.96
希薄化後1株当たり当期利益(円)	32	-	-

(出所)小野薬品工業株式会社Webサイト「平成26年3月期 有価証券報告書」(有価証券報告書:過去のデータ)。

③ 【連結包括利益計算書】

	注記番号	前連結会計年度 （自 2012年4月1日 至 2013年3月31日） （百万円）	当連結会計年度 （自 2013年4月1日 至 2014年3月31日） （百万円）
当期利益		23,190	20,548
その他の包括利益：			
純損益に振り替えられることのない項目：			
その他の包括利益を通じて測定する金融資産の公正価値の純変動	31, 33	15,107	7,106
確定給付制度の再測定	31	△1,859	596
持分法適用会社のその他の包括利益を通じて測定する金融資産の公正価値の純変動に対する持分	15, 31	16	3
		13,264	7,706
純損益にその後に振り替えられる可能性のある項目：			
在外営業活動体の換算差額	31	344	323
キャッシュ・フロー・ヘッジの公正価値の純変動	31	－	6
		344	330
その他の包括利益合計		13,608	8,036
当期包括利益合計		36,798	28,584
当期包括利益合計の帰属：			
親会社の所有者		36,514	28,374
非支配持分		283	210
当期包括利益合計		36,798	28,584

（出所）小野薬品工業株式会社Webサイト「平成26年3月期　有価証券報告書」（有価証券報告書：過去のデータ）。

④ 【連結持分変動計算書】

	注記番号	親会社の所有者に帰属する持分						非支配持分	資本合計
		資本金	資本剰余金	自己株式	その他の資本の構成要素	利益剰余金	親会社の所有者に帰属する持分		
		(百万円)	(百万円)	(百万円)	(百万円)	(百万円)	(百万円)	(百万円)	(百万円)
2012年4月1日現在残高		17,358	17,080	△59,221	△7,688	453,401	420,930	3,911	424,841
当期利益						22,919	22,919	270	23,190
その他の包括利益	31				13,595		13,595	13	13,608
当期包括利益合計		－	－	－	13,595	22,919	36,514	283	36,798
自己株式の取得	25			△10			△10		△10
剰余金の配当	26					△19,083	△19,083	△4	△19,088
その他の資本の構成要素から利益剰余金への振替	25				2,291	△2,291	－		－
所有者との取引合計		－	－	△10	2,291	△21,374	△19,093	△4	△19,097
2013年3月31日現在残高		17,358	17,080	△59,231	8,198	454,946	438,351	4,190	442,542
当期利益						20,350	20,350	198	20,548
その他の包括利益	31				8,023		8,023	12	8,036
当期包括利益合計		－	－	－	8,023	20,350	28,374	210	28,584
自己株式の取得	25			△43			△43		△43
剰余金の配当	26					△19,083	△19,083	△3	△19,086
その他の資本の構成要素から利益剰余金への振替	25				△595	595	－		－
所有者との取引合計		－	－	△43	△595	△18,487	△19,126	△3	△19,129
2014年3月31日現在残高		17,358	17,080	△59,274	15,626	456,809	447,599	4,397	451,996

(出所) 小野薬品工業株式会社Webサイト「平成26年3月期 有価証券報告書」(有価証券報告書:過去のデータ)。

⑤ 【連結キャッシュ・フロー計算書】

	注記番号	前連結会計年度 (自 2012年4月1日 至 2013年3月31日) (百万円)	当連結会計年度 (自 2013年4月1日 至 2014年3月31日) (百万円)
営業活動によるキャッシュ・フロー			
税引前当期利益		33,001	29,458
減価償却費及び償却費		4,765	5,109
減損損失		2,931	2,016
受取利息及び受取配当金		△2,576	△2,584
支払利息		8	14
棚卸資産の増減額（△は増加）		△4,681	△1,038
売上債権及びその他の債権の増減額（△は増加）		△777	1,156
仕入債務及びその他の債務の増減額(△は減少)		△825	997
退職給付に係る負債の増減額(△は減少)		496	515
退職給付に係る資産の増減額(△は増加)		793	1,035
その他		△1,582	△93
小計		31,553	36,585
利息の受取額		963	667
配当金の受取額		1,786	2,046
利息の支払額		△8	△14
法人所得税等の支払額		△15,302	△10,862
営業活動によるキャッシュ・フロー		18,992	28,422
投資活動によるキャッシュ・フロー			
有形固定資産の取得による支出		△5,224	△5,816
有形固定資産の売却による収入		0	7
無形資産の取得による支出		△2,383	△7,041
投資の取得による支出		△43,015	△31,353
投資の売却及び償還による収入		55,005	51,526
その他		△17	△398
投資活動によるキャッシュ・フロー		4,365	6,926
財務活動によるキャッシュ・フロー			
配当金の支払額		△19,056	△19,073
非支配持分への配当金の支払額		△4	△3
長期借入金の返済による支出		△400	△515
長期借入れによる収入		300	－
短期借入金の純増減額		△203	△2
自己株式の取得による支出		△9	△42
財務活動によるキャッシュ・フロー		△19,372	△19,636
現金及び現金同等物の増減額(△は減少)		3,985	15,712
現金及び現金同等物の期首残高	7	85,067	89,117
現金及び現金同等物に係る為替変動による影響額		65	69
現金及び現金同等物の期末残高	7	89,117	104,898

(出所) 小野薬品工業株式会社Webサイト「平成26年3月期　有価証券報告書」(有価証券報告書：過去のデータ)。

(4) IFRSと日本基準の比較

参考までに、小野薬品工業の2013年3月（平成25年3月）のIFRSと日本基準の財政状態計算書（貸借対照表）および損益計算書（包括利益計算書）を比較して示しますと、次のとおりです。

《IFRS》
① 【連結財政状態計算書】

	注記番号	前連結会計年度 (2013年3月31日) (百万円)
資産		
流動資産		
現金及び現金同等物	7, 33	89,117
売上債権及びその他の債権	8, 33	43,385
有価証券	9, 33	40,022
その他の金融資産	10, 33	1,000
棚卸資産	12	23,195
その他の流動資産	11	721
流動資産合計		197,439
非流動資産		
有形固定資産	13	55,781
無形資産	14	18,869
投資有価証券	9, 20, 33	179,640
持分法で会計処理されている投資	15	1,001
その他の金融資産	10, 33	5,568
繰延税金資産	16	13,415
退職給付に係る資産	23	1,050
その他の非流動資産	11	2,303
非流動資産合計		277,628
資産合計		475,068

《日本基準》
① 【連結貸借対照表】

		当連結会計年度 (2013年3月31日) (百万円)
資産の部		
流動資産		
現金及び預金		24,261
受取手形及び売掛金		37,822
有価証券		105,877
商品及び製品		16,094
仕掛品		4,122
原材料及び貯蔵品		3,192
繰延税金資産		17,152
その他		6,224
貸倒引当金		△5
流動資産合計		214,741
固定資産		
有形固定資産		
建物及び構築物		66,933
減価償却累計額		△45,153
建物及び構築物(純額)		21,780
機械装置及び運搬具		16,545
減価償却累計額		△14,556
機械装置及び運搬具(純額)		1,988
土地	※3	23,479
建設仮勘定		1,437
その他		9,830
減価償却累計額		△8,886
その他(純額)		943
有形固定資産合計		49,630
無形固定資産		
その他		1,383
無形固定資産合計		1,383
投資その他の資産		
投資有価証券	※1, ※2	180,200
長期貸付金		12
繰延税金資産		34
前払年金費用		3,366
その他		6,211
貸倒引当金		△8
投資その他の資産合計		189,817
固定資産合計		240,830
資産合計		455,572

《IFRS》	注記番号	前連結会計年度 (2013年3月31日) (百万円)	《日本基準》		当連結会計年度 (2013年3月31日) (百万円)
負債及び資本			**負債の部**		
流動負債			流動負債		
仕入債務及びその他の債務	17, 33	9,007	支払手形及び買掛金		4,243
借入金	18, 21, 33	472	1年内返済予定の長期借入金		101
その他の金融負債	19, 33	1,092	未払法人税等		5,606
未払法人所得税		5,606	賞与引当金		4,321
引当金	24	834	役員賞与引当金		67
その他の流動負債	22	9,931	返品調整引当金		11
流動負債合計		26,942	売上割戻引当金		822
			販売促進引当金		617
			その他		9,996
			流動負債合計		25,786
非流動負債			固定負債		
借入金	18, 21, 33	484	長期借入金		134
その他の金融負債	19, 33	14	長期未払金		72
退職給付に係る負債	23	3,467	繰延税金負債		2,500
引当金	24	86	再評価に係る繰延税金負債	※3	2,569
繰延税金負債	16	898	退職給付引当金		1,008
その他の非流動負債	22	634	役員退職慰労引当金		66
非流動負債合計		5,584	資産除去債務		54
負債合計		32,526	その他		87
			固定負債合計		6,495
			負債合計		32,281
資本			**純資産の部**		
			株主資本		
資本金	25	17,358	資本金		17,358
資本剰余金	25	17,080	資本剰余金		17,079
自己株式	25	△59,231	利益剰余金		430,824
その他の資本の構成要素	25	8,198	自己株式		△59,214
利益剰余金	25	454,946	株主資本合計		406,048
親会社の所有者に帰属する持分		438,351	その他の包括利益累計額		
非支配持分		4,190	その他有価証券評価差額金		22,451
資本合計		442,542	土地再評価差額金	※3	△8,577
負債及び**資本**合計		475,068	為替換算調整勘定		67
			その他の包括利益累計額合計		13,940
			少数株主持分		3,301
			純資産合計		423,290
			負債純資産合計		455,572

(出所) 小野薬品工業株式会社Webサイト「平成26年3月期 有価証券報告書」(有価証券報告書:過去のデータ)を基に筆者作成。

《IFRS》
② 【連結損益計算書】

	注記番号	前連結会計年度 (自 2012年4月1日 至 2013年3月31日) (百万円)
売上収益	6	142,806
売上原価		△31,479
売上総利益		111,328
販売費及び一般管理費	27	△35,831
研究開発費		△44,763
その他の収益	29	354
その他の費用	29	△1,153
営業利益		**29,935**
金融収益	30	3,029
金融費用	30	△10
持分法による投資利益	15	46
税引前当期利益		33,001
法人所得税	16	△9,811
当期利益		23,190
当期利益の帰属:		
親会社の所有者		22,919
非支配持分		270
当期利益		23,190
1株当たり当期利益:		
基本的1株当たり当期利益(円)	32	216.18
希薄化後1株当たり当期利益(円)	32	―

《日本基準》
② 【連結損益計算書及び連結包括利益計算書】

		当連結会計年度 (自 2012年4月1日 至 2013年3月31日) (百万円)
売上高	※3	145,393
売上原価	※2,※3,※4	33,983
売上総利益		111,409
販売費及び一般管理費		
販売費		8,686
一般管理費	※1,※2	70,801
販売費及び一般管理費合計		79,488
営業利益		**31,921**
営業外収益		
受取利息		788
受取配当金		1,786
持分法による投資利益		45
その他		587
営業外収益合計		3,208
営業外費用		
支払利息		2
寄付金		996
固定資産除却損		48
その他		128
営業外費用合計		1,175
経常利益		**33,953**
特別利益		
投資有価証券売却益		771
負ののれん発生益		―
特別利益合計		771
特別損失		
投資有価証券評価損		66
投資有価証券売却損		―
特別損失合計		66
税金等調整前当期純利益		34,658
法人税、住民税及び事業税		11,858
法人税等調整額		△1,541
法人税等合計		10,317
少数株主損益調整前当期純利益		24,341
少数株主利益		221
当期純利益		24,120

(出所) 小野薬品工業株式会社Webサイト「平成26年3月期 有価証券報告書」(有価証券報告書:過去のデータ) を基に筆者作成。

《IFRS》
③ 【連結包括利益計算書】

	注記番号	前連結会計年度 (自 2012年4月1日 至 2013年3月31日) (百万円)
当期利益		23,190
その他の包括利益：		
純損益に振り替えられることのない項目：		
その他の包括利益を通じて測定する金融資産の公正価値の純変動	31, 33	15,107
確定給付制度の再測定	31	△1,859
持分法適用会社のその他の包括利益を通じて測定する金融資産の公正価値の純変動に対する持分	15, 31	16
		13,264
純損益にその後に振り替えられる可能性のある項目：		
在外営業活動体の換算差額	31	344
キャッシュ・フロー・ヘッジの公正価値の純変動	31	-
		344
その他の包括利益合計		13,608
当期包括利益合計		36,798
当期包括利益合計の帰属：		
親会社の所有者		36,514
非支配持分		283
当期包括利益合計		36,798

《日本基準》
③ 【連結包括利益計算書】

	前連結会計年度 (自 2012年4月1日 至 2013年3月31日) (百万円)
少数株主損益調整前当期純利益	24,341
その他の包括利益	
その他有価証券評価差額金	16,722
土地再評価差額金	-
為替換算調整勘定	344
持分法適用会社に対する持分相当額	16
その他の包括利益合計	※ 17,082
包括利益	41,424
(内訳)	
親会社株主に係る包括利益	41,190
少数株主に係る包括利益	233

(出所) 小野薬品工業株式会社Webサイト「平成26年3月期 有価証券報告書」(有価証券報告書：過去のデータ) を基に筆者作成。

　上記各比較からわかるように、IFRSと比べると、日本基準はいずれも詳細です。もちろん、IFRSでは、計算書は簡略ですが、注記(本書では省略)による明細が詳細になっています。

2　日本板硝子

(1) 日本板硝子の連結財務諸表の特徴

　日本板硝子株式会社のIFRSの連結財務諸表の特徴は、次のとおりです。

① 連結損益計算書及び連結包括利益計算書
　◆連結損益計算書
　　売上高
　　売上総利益
　　営業利益（その他の収益・その他の費用、個別開示項目を含む）
　　税引前損失
　　当期損失
　◆連結包括利益計算書
　　当期損失
　　その他の包括利益
　　当期包括利益合計

② 連結貸借対照表
　資産
　　非流動資産
　　流動資産
　負債及び資本
　　流動負債
　　非流動負債
　　資本

　以下、日本板硝子の連結経営指標等の推移と、連結財務諸表等の一部を掲載いたします。

(2) 連結経営指標等の推移

回次		IFRS				
		移行日	第145期	第146期	第147期	第148期
決算年月		2010年4月1日	2011年3月	2012年3月	2013年3月	2014年3月
売上高	(百万円)	−	577,069	552,223	521,346	606,095
税引前利益（△は損失）	(百万円)	−	15,306	△4,822	△31,096	△16,401
親会社の所有者に帰属する当期利益（△は損失）	(百万円)	−	12,430	△2,815	△34,324	△17,630
親会社の所有者に帰属する当期包括利益	(百万円)	−	△10,474	△49,571	△14,957	19,685
親会社の所有者に帰属する持分	(百万円)	190,837	216,232	161,313	145,031	164,986
総資産額	(百万円)	945,419	889,420	848,752	885,436	925,175
１株当たり親会社所有者帰属持分	(円)	285.63	239.69	178.77	160.68	182.75
親会社の所有者に帰属する基本的１株当たり当期利益（△は損失）	(円)	−	15.65	△3.12	△38.04	△19.53
親会社の所有者に帰属する希薄化後１株当たり当期利益（△は損失）	(円)	−	15.17	△3.12	△38.04	△19.53
親会社所有者帰属持分比率	(％)	20.2	24.3	19.0	16.4	17.8
親会社所有者帰属持分当期利益率	(％)	−	6.1	△1.5	△22.4	△11.4
株価収益率	(倍)	−	15.34	−	−	−
営業活動によるキャッシュ・フロー	(百万円)	−	25,715	△9,914	14,213	17,880
投資活動によるキャッシュ・フロー	(百万円)	−	△25,106	△26,327	△7,041	△17,106
財務活動によるキャッシュ・フロー	(百万円)	−	△7,245	15,862	27,945	△20,744
現金及び現金同等物の期末残高	(百万円)	55,995	46,491	24,797	65,173	52,293
従業員数〔外、平均臨時雇用者数〕	(人)	28,338〔6,787〕	29,340〔7,381〕	29,702〔7,062〕	27,932〔6,502〕	27,079〔3,758〕

(注) 1. 売上高には、消費税等（消費税及び地方消費税をいう。以下同じ。）は含まれておりません。
2. 第146期より、国際会計基準（以下、IFRS）により連結財務諸表を作成しております。また、第145期及び移行日のIFRSに基づいた経営指標等もあわせて記載しております。
3. 第146期、第147期及び第148期については、ストック・オプション及び転換社債の転換が１株当たり当期損失を減少させるため、潜在株式は希薄化効果を有しておりません。また、第146期、第147期及び第148期については、親会社の所有者に帰属する基本的１株当たり当期損失が計上されているため、株価収益率は記載しておりません。
4. IAS第19号「従業員給付」の改訂の適用に伴い、第147期については、当該改訂の適用を反映した遡及修正後の数値を記載しております。

(出所) 日本板硝子株式会社Webサイト「2014年３月期　有価証券報告書」（有価証券報告書・四半期報告書）。

(3) 連結財務諸表等
① 【連結損益計算書】

(単位:百万円)

	注記	当連結会計年度 (自 2013年4月1日 至 2014年3月31日)	前連結会計年度 (自 2012年4月1日 至 2013年3月31日)
売上高	(8)	606,095	521,346
売上原価		△459,821	△404,027
売上総利益		146,274	117,319
その他の収益	(9)	7,205	7,915
販売費		△57,677	△50,784
管理費		△66,619	△60,592
その他の費用	(10)	△14,616	△11,912
個別開示項目前営業利益	(8)	14,567	1,946
個別開示項目	(12)	△13,833	△19,204
営業利益(△は損失)		734	△17,258
金融収益	(14)	3,338	1,823
金融費用	(14)	△21,475	△17,911
持分法による投資利益	(21)	1,002	2,250
税引前損失		△16,401	△31,096
法人所得税	(15)	△84	△2,359
当期損失		△16,485	△33,455
非支配持分に帰属する当期利益	(49)	1,145	869
親会社の所有者に帰属する当期損失		△17,630	△34,324
		△16,485	△33,455
親会社の所有者に帰属する1株当たり当期利益			
基本的1株当たり当期損失(円)	(42)	△19.53	△38.04
希薄化後1株当たり当期損失(円)	(42)	△19.53	△38.04

(出所) 日本板硝子株式会社Webサイト「2014年3月期 有価証券報告書」(有価証券報告書・四半期報告書)。

② 【連結包括利益計算書】

(単位:百万円)

	注記	当連結会計年度 (自 2013年4月1日 至 2014年3月31日)	前連結会計年度 (自 2012年4月1日 至 2013年3月31日)
当期損失		△16,485	△33,455
その他の包括利益:			
純損益に振り替えられない項目			
確定給付制度の再測定(法人所得税控除後)	(33)	445	△5,065
持分法適用会社におけるその他の包括利益に対する持分		602	△1,318
純損益に振り替えられない項目合計		1,047	△6,383
純損益に振り替えられる可能性のある項目			
在外営業活動体の換算差額		35,525	26,188
売却可能金融資産の公正価値の純変動(法人所得税控除後)		△571	△35
キャッシュ・フロー・ヘッジの公正価値の純変動(法人所得税控除後)		59	435
純損益に振り替えられる可能性のある項目合計		35,013	26,588
その他の包括利益合計 (法人所得税控除後)		36,060	20,205
当期包括利益合計		19,575	△13,250
非支配持分に帰属する当期包括利益		△110	1,707
親会社の所有者に帰属する当期包括利益		19,685	△14,957
		19,575	△13,250

(出所)日本板硝子株式会社Webサイト「2014年3月期 有価証券報告書」(有価証券報告書・四半期報告書)。

③ 【連結貸借対照表】

(単位：百万円)

	注記	当連結会計年度末 (2014年3月31日)	前連結会計年度末 (2013年3月31日)
資産			
非流動資産			
のれん	(17)	135,826	116,768
無形資産	(18)	86,999	84,496
有形固定資産	(19)	289,389	267,983
投資不動産	(20)	644	635
持分法で会計処理される投資	(21)	50,070	45,063
売上債権及びその他の債権	(22)	15,615	14,208
売却可能金融資産	(23)	6,743	6,742
デリバティブ金融資産	(24)	893	1,362
繰延税金資産	(26)	55,571	51,797
未収法人所得税		1,619	2,306
		643,369	591,360
流動資産			
棚卸資産	(27)	109,167	100,790
未成工事支出金	(28)	982	428
売上債権及びその他の債権	(22)	92,523	101,242
売却可能金融資産	(23)	94	652
デリバティブ金融資産	(24)	1,434	2,168
現金及び現金同等物	(29)	73,864	83,472
未収法人所得税		1,943	2,686
		280,007	291,438
売却目的で保有する資産	(30)	1,799	2,638
		281,806	294,076
資産合計		925,175	885,436
負債及び資本			
流動負債			
社債及び借入金	(31)	119,954	152,585
デリバティブ金融負債	(24)	1,514	1,744
仕入債務及びその他の債務	(32)	127,858	113,780
未払法人所得税		2,510	3,371
引当金	(34)	19,179	17,982
繰延収益	(35)	3,027	2,914
		274,042	292,376
売却目的で保有する資産に直接関連する負債	(30)	332	666
		274,374	293,042

(単位:百万円)

	注記	当連結会計年度末 (2014年3月31日)	前連結会計年度末 (2013年3月31日)
非流動負債			
社債及び借入金	(31)	331,839	291,793
デリバティブ金融負債	(24)	1,996	1,727
仕入債務及びその他の債務	(32)	573	1,049
繰延税金負債	(26)	23,190	23,641
未払法人所得税		1,837	1,295
退職給付に係る負債	(33)	90,591	89,760
引当金	(34)	16,477	18,620
繰延収益	(35)	9,800	9,056
		476,303	436,941
負債合計		750,677	729,983
資本			
親会社の所有者に帰属する持分			
資本金	(37)	116,449	116,449
資本剰余金	(38)	127,511	127,511
利益剰余金	(39)	△27,717	△11,275
利益剰余金(IFRS移行時の累積換算差額)		△68,048	△68,048
その他の資本の構成要素	(40)	16,791	△19,606
親会社の所有者に帰属する持分合計		164,986	145,031
非支配持分	(49)	9,512	10,422
資本合計		174,498	155,453
負債及び資本合計		925,175	885,436

(出所)日本板硝子株式会社Webサイト「2014年3月期 有価証券報告書」(有価証券報告書・四半期報告書)。

④ 【連結持分変動計算書】

(単位:百万円)

	資本金	資本剰余金	利益剰余金	利益剰余金(IFRS移行時の累積換算差額)	その他の資本の構成要素	親会社の所有者に帰属する持分合計	非支配持分	資本合計
2013年4月1日残高	116,449	127,511	△11,275	△68,048	△19,606	145,031	10,422	155,453
当期利益(△は損失)			△17,630			△17,630	1,145	△16,485
その他の包括利益			1,047		36,268	37,315	△1,255	36,060
当期包括利益合計	-	-	△16,583	-	36,268	19,685	△110	19,575
所有者との取引額								
新株予約権					135	135		135
剰余金の配当						-	△646	△646
自己株式の取得及び処分		△7			△6	△13		△13
子会社の持分の追加所得			148			148	△154	△6
利益剰余金から資本剰余金への振替		7	△7			-		-
2014年3月31日残高	116,449	127,511	△27,717	△68,048	16,791	164,986	9,512	174,498

(単位:百万円)

	資本金	資本剰余金	利益剰余金	利益剰余金(IFRS移行時の累積換算差額)	その他の資本の構成要素	親会社の所有者に帰属する持分合計	非支配持分	資本合計
2012年4月1日残高	116,449	127,511	30,793	△68,048	△45,392	161,313	9,222	170,535
当期利益(△は損失)			△34,324			△34,324	869	△33,455
その他の包括利益			△6,383		25,750	19,367	838	20,205
当期包括利益合計	-	-	△40,707	-	25,750	△14,957	1,707	△13,250
所有者との取引額								
新株予約権					38	38		38
剰余金の配当			△1,354			△1,354	△436	△1,790
自己株式の取得及び処分		△7			△2	△9		△9
子会社の持分の追加所得						-	△71	△71
利益剰余金から資本剰余金への振替		7	△7			-		-
2013年3月31日残高	116,449	127,511	△11,275	△68,048	△19,606	145,031	10,422	155,453

(出所)日本板硝子株式会社Webサイト「2014年3月期 有価証券報告書」(有価証券報告書・四半期報告書)。

⑤ 【連結キャッシュ・フロー計算書】

(単位:百万円)

	注記	当連結会計年度 (自 2013年4月1日 至 2014年3月31日)	前連結会計年度 (自 2012年4月1日 至 2013年3月31日)
営業活動によるキャッシュ・フロー			
営業活動による現金生成額	(41)	37,508	32,796
利息の支払額		△18,830	△14,279
利息の受取額		2,877	1,707
法人所得税の支払額		△3,675	△6,011
営業活動によるキャッシュ・フロー		17,880	14,213
投資活動によるキャッシュ・フロー			
持分法適用会社からの配当金受領額		3,199	5,788
ジョイント・ベンチャー及び関連会社の取得による支出		△22	-
ジョイント・ベンチャー及び関連会社の売却による収入		3	7,546
子会社の取得による支出（取得額の純額）		△122	△1,292
子会社及び事業の売却による収入（売却額の純額）		1,097	905
有形固定資産の取得による支出		△25,686	△25,553
有形固定資産の売却による収入		3,292	2,908
無形資産の取得による支出		△1,717	△1,805
無形資産の売却による収入		25	30
売却可能金融資産の購入による支出		△16	△8
売却可能金融資産の売却による収入		996	3,198
貸付金の増減額		1,371	671
その他		474	571
投資活動によるキャッシュ・フロー		△17,106	△7,041
財務活動によるキャッシュ・フロー			
親会社の株主への配当金の支払額		△13	△1,360
非支配持分株主への配当金の支払額		△646	△441
社債償還及び借入金返済による支出		△154,359	△92,430
社債発行及び借入れによる収入		134,280	122,178
その他		△6	△2
財務活動によるキャッシュ・フロー		△20,744	27,945
現金及び現金同等物の増減額		△19,970	35,117
現金及び現金同等物の期首残高	(29)	65,173	24,797
現金及び現金同等物に係る換算差額		7,090	5,408
売却目的で保有する資産への振替に伴う現金及び現金同等物への増減額		-	△149
現金及び現金同等物の期末残高	(29)	52,293	65,173

(出所)日本板硝子株式会社Webサイト「2014年3月期　有価証券報告書」(有価証券報告書・四半期報告書)。

3　日本電波工業

(1)　日本電波工業の連結財務諸表の特徴
　日本電波工業株式会社のIFRSの連結財務諸表の特徴は、次のとおりです。
　第69期（平成22年3月期）から、IFRS適用に伴い、経常利益が無くなっています。

　　①　連結財政状態計算書
　　　資産の部
　　　　流動資産
　　　　非流動資産
　　　負債の部
　　　　流動負債
　　　　非流動負債
　　　資本の部

　　②　連結包括利益計算書
　　　売上高
　　　売上総利益
　　　営業利益（その他の営業収益・その他の営業費用）
　　　税引前当期利益又は税引前当期損失
　　　当期利益又は当期損失
　　　その他の包括利益
　　　当期包括利益合計

　以下、日本電波工業の連結経営指標等の推移と、連結財務諸表等の一部を掲載いたします。

(2) 連結経営指標等の推移

回次		第69期(日本基準)	第69期(IFRS)	第70期(IFRS)	第71期(IFRS)	第72期(IFRS)	第73期(IFRS)
決算年月		2010年3月	2010年3月	2011年3月	2012年3月	2013年3月	2014年3月
売上高	(百万円)	52,650	52,590	54,934	50,804	50,623	50,744
経常利益	(百万円)	4,591	−	−	−	−	−
税引前当期利益又は税引前当期損失(△)	(百万円)	−	4,303	1,695	1,615	△37	191
当期(純)利益又は当期損失(△)	(百万円)	3,999	4,337	1,738	1,759	△289	181
当期包括利益合計	(百万円)	−	4,167	852	1,863	1,307	827
純資産額又は親会社の所有者に帰属する持分	(百万円)	23,971	24,193	24,652	26,123	26,147	26,581
総資産額	(百万円)	62,837	64,558	67,586	67,216	71,367	75,950
1株当たり純資産額又は1株当たり親会社所有者帰属持分	(円)	1,221.17	1,232.50	1,255.92	1,330.87	1,332.13	1,354.30
(基本的)1株当たり当期(純)利益又は当期損失(△)	(円)	203.75	220.94	88.59	89.66	△14.75	9.25
潜在株式調整後又は希薄化後1株当たり当期(純)利益	(円)	197.41	200.16	88.59	89.66	−	−
自己資本比率又は親会社所有者帰属持分比率	(%)	38.1	37.5	36.5	38.9	36.6	35.0
自己資本利益率又は親会社所有者帰属持分当期利益率	(%)	18.0	19.3	7.1	6.9	−	0.7
株価収益率	(倍)	9.6	8.8	14.9	13.9	−	87.2
営業活動によるキャッシュ・フロー	(百万円)	4,006	4,008	3,686	2,538	3,666	3,220
投資活動によるキャッシュ・フロー	(百万円)	△3,871	△3,871	△3,047	△4,081	△5,062	△2,596
財務活動によるキャッシュ・フロー	(百万円)	△6,931	△6,933	4,114	△2,920	3,800	4,877
現金及び現金同等物の期末残高	(百万円)	8,722	8,722	13,236	8,796	11,812	17,727
従業員数〔外平均臨時雇用数〕	(名)	−	4,801〔422〕	4,615〔570〕	4,194〔630〕	3,953〔701〕	3,713〔705〕

(注) 1. 売上高には、消費税等は含まれておりません。
    2. 従業員数は、就業人員数を表示しております。
    3. 第69期より国際会計基準(IFRS)により連結財務諸表を作成しております。
    4. 第69期(日本基準)の指標につきましては、監査法人による監査を受けておりません。
    5. 第72期及び第73期の希薄化後1株当たり当期利益につきましては、希薄化効果を有する潜在株式が存在しないため記載しておりません。
    6. 第72期の親会社所有者帰属持分当期利益率及び株価収益率につきましては、当期損失であるため記載しておりません。
    7. 第73期より改定後のIAS第19号「従業員給付」を適用しております。第72期の関連する主要な経営指標等につきましては、遡及適用後の数値を記載しております。

(出所) EDINET「日本電波工業株式会社 有価証券報告書 平成26年3月期」。

(3) 連結財務諸表等
① 【連結財政状態計算書】

(単位：百万円)

	注記番号	前連結会計年度 (2013年3月31日)	当連結会計年度 (2014年3月31日)
資産の部			
流動資産			
現金及び現金同等物	※4	11,812	17,727
営業債権	※5	12,593	12,221
棚卸資産	※6	11,256	11,045
未収法人所得税等		2	45
デリバティブ資産	※28	9	2
その他	※7	1,692	1,948
流動資産合計		37,365	42,991
非流動資産			
有形固定資産	※8	29,229	28,211
無形資産	※9	1,005	1,068
投資不動産	※10	254	254
投資有価証券	※11	1,064	953
繰延税金資産	※26	1,500	1,608
その他	※12	947	862
非流動資産合計		34,001	32,959
資産合計		71,367	75,950
負債の部			
流動負債			
借入金等	※15	6,768	13,085
営業債務その他の未払勘定	※13	8,746	8,339
デリバティブ負債	※28	751	110
引当金	※31	45	24
未払法人所得税等		127	108
その他	※14	629	616
流動負債合計		17,067	22,284
非流動負債			
借入金等	※15	22,510	21,557
繰延税金負債	※26	702	627
従業員給付	※16	3,857	4,013
引当金	※31	158	133
政府補助金繰延収益		392	340
その他		529	412
非流動負債合計		28,151	27,084
負債合計		45,219	49,368

(単位:百万円)

	注記番号	前連結会計年度 (2013年3月31日)	当連結会計年度 (2014年3月31日)
資本の部			
親会社の所有者に帰属する持分			
資本金	※17	10,649	10,649
資本剰余金	※17	8,566	8,565
その他の資本の構成要素	※17	△1,262	△329
利益剰余金		8,194	7,696
親会社の所有者に帰属する持分合計		26,147	26,581
資本合計		26,147	26,581
負債及び**資本**合計		71,367	75,950

(出所)日本電波工業株式会社Webサイト「平成26年3月期　決算短信」。

② 【連結包括利益計算書】

(単位:百万円)

	注記番号	前連結会計年度 (自 2012年4月1日 至 2013年3月31日)	当連結会計年度 (自 2013年4月1日 至 2014年3月31日)
売上高		50,623	50,774
売上原価	※19, 23, 24	40,752	40,978
売上総利益		9,871	9,795
販売費及び一般管理費	※20, 23, 24, 29	7,186	7,496
研究開発費	※21, 23, 24	2,579	2,221
その他の営業収益	※22	349	428
その他の営業費用	※22, 24	220	267
営業利益		235	240
金融収益	※25	143	271
金融費用	※25	416	319
税引前当期利益又は税引前当期損失(△)		△37	191
法人所得税費用	※26	252	10
当期利益又は当期損失(△)		△289	181
その他の包括利益			
純損益に振り替えられることのない項目			
確定給付制度の再測定		△132	△287
小計		△132	△287
純損益にその後に振り替えられる 　可能性のある項目			
在外営業活動体の換算損益	※17	1,629	1,008
売却可能金融資産の公正価値の変動	※17	212	79
純損益に振り替えられた売却可能金融 　　資産の公正価値の変動		△67	△190
振替の可能性のある項目に係る 　　法人所得税	※26	△45	36
小計		1,728	932
税引後その他の包括利益		1,596	645
当期包括利益合計		1,307	827
当期利益の帰属			
親会社の所有者に帰属する			
当期利益又は当期損失(△)		△289	181
当期包括利益合計額の帰属			
親会社の所有者に帰属する包括利益		1,307	827

(単位:円)

1株当たり当期利益又は当期損失(△)	※27		
基本的1株当たり当期利益又は 　当期損失(△)		△14.75	9.25

(出所)日本電波工業株式会社Webサイト「平成26年3月期　決算短信」。

③ 【連結持分変動計算書】

(単位:百万円)

	資本金	資本剰余金		
		株式払込剰余金	自己株式	資本剰余金合計
2012年4月1日時点の残高	10,649	11,353	△2,786	8,566
会計方針の変更	−	−	−	−
遡及適用後の残高	10,649	11,353	△2,786	8,566
当期包括利益				
当期損失(△)				
税引後その他の包括利益				
確定給付制度の再測定				
在外営業活動体の換算損益				
売却可能金融資産の公正価値の純変動				
当期包括利益合計	−	−	−	−
所有者との取引額				
所有者による拠出及び所有者への分配				
自己株式の変動額			△0	△0
剰余金の配当　　※18				−
所有者による拠出及び所有者への分配合計	−	−	△0	△0
所有者との取引額合計	−	−	△0	△0
2013年3月31日時点の残高	10,649	11,353	△2,787	8,566
当期包括利益				
当期利益				
税引後その他の包括利益				
確定給付制度の再測定				
在外営業活動体の換算損益				
売却可能金融資産の公正価値の純変動				
当期包括利益合計	−	−	−	−
所有者との取引額				
所有者による拠出及び所有者への分配				
自己株式の変動額			△0	△0
剰余金の配当　　※18				−
所有者による拠出及び所有者への分配合計	−	−	△0	△0
所有者との取引額合計	−	−	△0	△0
2014年3月31日時点の残高	10,649	11,353	△2,787	8,565

(単位：百万円)

	その他の資本の構成要素			利益剰余金	親会社の所有者に帰属する持分合計	資本合計
	売却可能金融資産	在外営業活動体の換算損益	その他の資本の構成要素合計			
2012年4月1日時点の残高	111	△3,103	△2,991	9,899	26,123	26,123
会計方針の変更	-	-	-	△889	△889	△889
遡及適用後の残高	111	△3,103	△2,991	9,009	25,233	25,233
当期包括利益						
当期損失（△）			-	△289	△289	△289
税引後その他の包括利益						
確定給付制度の再測定			-	△132	△132	△132
在外営業活動体の換算損益		1,629	1,629		1,629	1,629
売却可能金融資産の公正価値の純変動	99		99		99	99
当期包括利益合計	99	1,629	1,728	△421	1,307	1,307
所有者との取引額						
所有者による拠出及び所有者への分配						
自己株式の変動額			-		△0	△0
剰余金の配当　※18			-	△392	△392	△392
所有者による拠出及び所有者への分配合計	-	-	-	△392	△392	△392
所有者との取引額合計	-	-	-	△392	△392	△392
2013年3月31日時点の残高	211	△1,473	△1,262	8,194	26,147	26,147
当期包括利益						
当期利益			-	181	181	181
税引後その他の包括利益						
確定給付制度の再測定			-	△287	△287	△287
在外営業活動体の換算損益		1,008	1,008		1,008	1,008
売却可能金融資産の公正価値の純変動	△75		△75		△75	△75
当期包括利益合計	△75	1,008	932	△105	827	827
所有者との取引額						
所有者による拠出及び所有者への分配						
自己株式の変動額			-		△0	△0
剰余金の配当　※18			-	△392	△392	△392
所有者による拠出及び所有者への分配合計	-	-	-	△392	△393	△393
所有者との取引額合計	-	-	-	△392	△393	△393
2014年3月31日時点の残高	135	△465	△329	7,696	26,581	26,581

（出所）日本電波工業株式会社Webサイト「平成26年3月期　決算短信」。

④ 【連結キャッシュ・フロー計算書】

(単位:百万円)

	注記番号	前連結会計年度 (自 2012年4月1日 至 2013年3月31日)	当連結会計年度 (自 2013年4月1日 至 2014年3月31日)
営業活動によるキャッシュ・フロー			
税引前当期利益又は税引前当期損失(△)		△37	191
減価償却費及び償却額		3,425	3,923
固定資産廃棄損		22	10
減損損失		1	114
投資有価証券売却益		△82	△190
補助金収入		△198	△139
営業債権の増減額(△は増加)		51	817
棚卸資産の増減額(△は増加)		910	540
営業債務の増減額(△は減少)		△628	△194
未払賞与の増減額(△は減少)		△114	△104
デリバティブ資産の増減額(△は増加)		28	7
デリバティブ負債の増減額(△は減少)		412	△641
引当金の増減額(△は減少)		△45	△46
受取利息及び受取配当金		△45	△75
支払利息		300	268
利息及び配当金の受取額		42	68
利息の支払額		△233	△205
法人所得税等の支払額又は還付額(△は支払)		△68	△151
その他		△74	△973
営業活動によるキャッシュ・フロー		3,666	3,220
投資活動によるキャッシュ・フロー			
有形固定資産の取得による支出		△5,699	△2,631
無形資産の取得による支出		△108	△151
投資有価証券その他の資産の取得による支出		△680	△678
有形固定資産の売却による収入		4	55
政府補助金による収入		170	40
投資有価証券その他の資産の売却による収入		1,257	770
その他		△6	0
投資活動によるキャッシュ・フロー		△5,062	△2,596
財務活動によるキャッシュ・フロー			
長期借入れによる収入		10,500	12,300
長期借入金の返済による支出		△5,445	△6,748
短期借入金の純増減額(△は減少)		△861	△279
配当金の支払額		△391	△392
自己株式の純増減額(△は増加)		△0	△0
財務活動によるキャッシュ・フロー		3,800	4,877
現金及び現金同等物の増減額(△は減少)		2,404	5,501
現金及び現金同等物の期首残高		8,796	11,812
為替変動による影響		611	413
現金及び現金同等物の期末残高	※4	11,812	17,727

(出所)日本電波工業株式会社Webサイト「平成26年3月期 決算短信」。

4 HOYA

(1) HOYAの連結財務諸表の特徴
　HOYA株式会社のIFRSの連結財務諸表の特徴は、次のとおりです。

　① 連結財政状態計算書
　　資産
　　　非流動資産
　　　流動資産
　　資本及び負債
　　資本
　　負債
　　　非流動負債
　　　流動負債

　② 連結包括利益計算書
　　継続事業
　　　収益
　　　費用
　　　税引前当期利益
　　継続事業からの当期利益
　　　当期利益
　　　その他の包括利益
　　　当期包括利益（損失）

　以下、HOYAの連結経営指標等の推移と、連結財務諸表等の一部を掲載いたします。

(2) 連結経営指標等の推移

第73期より、国際会計基準(以下、「IFRS」と言う。)により連結財務諸表を作成しております。

回次		IFRS				
		第72期	第73期	第74期	第75期	第76期
決算年月		2010年3月	2011年3月	2012年3月	2013年3月	2014年3月
売上収益(継続事業)	(百万円)	402,430	373,586	360,673	372,494	427,575
税引前当期利益(継続事業)	(百万円)	50,514	63,245	54,021	91,204	85,486
当期利益(全事業)	(百万円)	41,517	59,579	42,680	72,403	60,140
当期包括利益(全事業)	(百万円)	47,533	46,549	35,394	114,909	94,420
親会社の所有者に帰属する持分	(百万円)	357,555	376,836	384,802	470,733	536,526
総資産額	(百万円)	560,290	578,641	575,235	618,084	704,283
1株当たり親会社所有者帰属持分	(円)	828.82	873.49	891.93	1,090.93	1,241.69
基本的1株当たり利益	(円)	95.24	138.49	100.18	167.47	135.26
希薄化後1株当たり利益	(円)	95.15	138.41	100.16	167.44	135.04
親会社所有者帰属持分比率	(%)	63.8	65.1	66.9	76.2	76.2
親会社所有者帰属持分当期利益率	(%)	11.8	16.3	11.3	16.9	11.6
株価収益率	(倍)	27.0	13.7	18.6	10.6	23.8
営業活動によるキャッシュ・フロー(全事業)	(百万円)	83,734	92,514	73,719	88,991	102,670
投資活動によるキャッシュ・フロー(全事業)	(百万円)	△40,723	△38,491	△22,497	△948	△20,882
財務活動によるキャッシュ・フロー(全事業)	(百万円)	△84,730	△31,244	△29,259	△68,997	△27,794
現金及び現金同等物の期末残高	(百万円)	167,938	185,252	204,772	248,896	331,094
従業員数	(名)	34,450	36,547	32,363	35,130	36,605

(注) 1. 売上収益には、消費税及び地方消費税は含まれておりません。
2. 包括利益計算書項目は連結包括利益計算書に記載されている金額によっております。すなわち、IFRSの売上収益及び税引前当期利益は、継続事業の金額であり、非継続事業を含めておりません。また、当期利益については、全事業の金額であり、非継続事業を含めております。
3. キャッシュ・フロー項目は連結キャッシュ・フロー計算書に記載されている金額(全事業)によっております。
4. キャッシュ・フローに関する数値の△は、現金及び現金同等物の流出を示しております。
5. 第73期より、IFRSにより連結財務諸表を作成しております。また、第72期のIFRSに基づいた連結経営指標等もあわせて記載しております。
6. 第74期においてPENTAXイメージング・システム事業を株式会社リコーに譲渡したため、同事業を非継続事業に分類し、第73期を修正しております。
7. 当社グループは、IAS第19号「従業員給付」の改訂に伴い第76期(当連結会計年度)より会計方針を変更したことから、当該会計方針の変更を反映した遡及修正後の数値を記載しております。なお、第74期以前に係る累積的影響額については、第75期の期首の数値に反映させております。

(出所) HOYA株式会社Webサイト「2014年3月期 有価証券報告書」(IR資料室)。

(3) 連結財務諸表等
① 【連結財政状態計算書】

(単位：百万円)

	注記	前連結会計年度 (2013年3月31日)	当連結会計年度 (2014年3月31日)
資産			
非流動資産：			
有形固定資産－純額	6, 8, 34	140,747	129,513
のれん	7, 8, 32 (6)	8,367	10,961
無形資産	7, 8, 32 (5), 34	19,189	23,947
持分法で会計処理されている投資	9	534	140
長期金融資産	11, 23	9,150	9,062
その他の非流動資産	8, 12, 19	2,467	2,527
繰延税金資産	10	15,473	13,421
非流動資産合計		195,927	189,571
流動資産：			
棚卸資産	13	66,720	62,647
売上債権及びその他の債権	14, 23	88,824	95,529
その他の短期金融資産	11, 23	9,210	10,492
未収法人所得税		722	982
その他の流動資産	12	7,786	13,970
現金及び現金同等物	15, 23	248,896	331,094
流動資産合計		422,157	514,712
資産合計		618,084	704,283
資本及び負債			
資本			
資本金	22 (1)	6,264	6,264
資本剰余金	22 (1)	15,899	15,899
自己株式	22 (2)	△10,712	△8,890
その他の資本剰余金	22 (2), 24	△2,313	△2,839
利益剰余金	22 (3), 35	485,836	516,243
累積その他の包括利益		△24,241	9,850
親会社の所有者に帰属する持分		470,733	536,526
非支配持分	22 (4)	△187	6,121
資本合計		470,547	542,648
負債			
非流動負債：			
長期有利子負債	16, 17, 23	60,837	35,829
その他の長期金融負債	11, 23	149	
退職給付に係る負債	19	1,457	1,675
引当金	20	1,975	2,155
その他の非流動負債	12	2,224	2,188
繰延税金負債	10, 32 (5)	2,160	2,911
非流動負債合計		68,802	44,758
流動負債：			
短期有利子負債	16, 17, 23	1,891	27,450
仕入債務及びその他の債務	21, 23	40,415	40,291
その他の短期金融負債	11, 23	385	152
未払法人所得税		5,680	13,369
引当金	20	800	955
その他の流動負債	12	29,564	34,660
流動負債合計		78,735	116,877
負債合計		147,537	161,635
資本及び負債合計		618,084	704,283

(出所) HOYA株式会社Webサイト「2014年3月期　有価証券報告書」(IR資料室)。

② 【連結包括利益計算書】

(単位:百万円)

	注記	前連結会計年度 (自 2012年4月1日 至 2013年3月31日)	当連結会計年度 (自 2013年4月1日 至 2014年3月31日)
継続事業			
収益:			
売上収益	25	372,494	427,575
金融収益	26	965	1,849
その他の収益	25	39,888	5,453
収益合計		413,347	434,877
費用:			
商品及び製品・仕掛品の増減		7,379	7,038
原材料及び消耗品消費高		70,634	84,135
人件費	19, 24, 25	94,168	102,759
減価償却費及び償却費	6, 7, 25	30,872	33,891
外注加工費		4,707	4,737
広告宣伝費及び販売促進費		10,310	11,769
支払手数料	25	21,357	20,460
減損損失	8	1,119	4,770
金融費用	26	2,143	1,309
持分法による投資損失	9	11,912	268
為替差損益	25	△12,539	△8,496
その他の費用	6, 7, 18, 25	80,080	86,749
費用合計		322,144	349,391
税引前当期利益		91,204	85,486
法人所得税	10	18,801	25,347
継続事業からの当期利益		72,403	60,140
当期利益		72,403	60,140
その他の包括利益:	27		
純損益に振替えられない項目:			
確定給付負債(資産)の純額の再測定		△98	81
その他の包括利益(損失)に関する法人所得税	10	19	△15
純損益に振替えられない項目合計		△80	66
その後に純損益に振替えられる可能性のある項目:			
売却可能金融資産評価損益		613	△185
在外営業活動体の換算損益		42,175	34,488
その他の包括利益(損失)に関する法人所得税	10	△203	△89
その後に純損益に振替えられる可能性のある項目合計		42,585	34,214
その他の包括利益(損失)合計		42,506	34,281
当期包括利益(損失)		114,909	94,420

(出所)ＨＯＹＡ株式会社Webサイト「2014年3月期　有価証券報告書」(IR資料室)。

(単位：百万円)

	注記	前連結会計年度 (自 2012年4月1日 至 2013年3月31日)	当連結会計年度 (自 2013年4月1日 至 2014年3月31日)
当期利益の帰属:			
親会社の所有者		72,260	58,390
非支配持分		143	1,750
合計		72,403	60,140
当期包括利益（損失）の帰属:			
親会社の所有者		114,765	92,548
非支配持分		143	1,873
合計		114,765	94,420

(単位：円)

	注記	前連結会計年度 (自 2012年4月1日 至 2013年3月31日)	当連結会計年度 (自 2013年4月1日 至 2014年3月31日)
基本的1株当たり利益	28		
継続事業		167.47	135.26
非継続事業		−	−
基本的1株当たり利益合計		167.47	135.26
希薄化後1株当たり利益	28		
継続事業		167.44	135.04
非継続事業		−	−
希薄化後1株当たり利益合計		167.44	135.04

(出所) ＨＯＹＡ株式会社Ｗｅｂサイト「2014年3月期　有価証券報告書」(IR資料室)。

③ 【連結持分変動計算書】

(単位：百万円)

	注記	資本金	資本剰余金	自己株式	その他の資本剰余金	利益剰余金
2012年4月1日残高		6,264	15,899	△10,928	△2,505	442,898
会計方針の変更による調整額						△1,198
2012年4月1日残高（修正後）		6,264	15,899	△10,928	△2,505	441,700
当期包括利益（損失）						
当期利益						72,260
その他の包括利益（損失）	27					
当期包括利益（損失）合計						72,260
所有者との取引額						
所有者による拠出及び所有者への分配						
自己株式の取得	22(2)			△2		
自己株式の処分	22(2)			218	△106	
配当（1株当たり65.00円）	22(3)					△28,045
その他の非支配持分の増減	22					
株式報酬取引（ストック・オプション）	24				299	
累積その他の包括利益から利益剰余金への振替						△80
所有者による拠出及び所有者への分配合計				216	193	△28,124
所有者との取引額合計				216	193	△28,124
2013年3月31日残高		6,264	15,899	△10,712	△2,313	485,836
当期包括利益（損失）						
当期利益						58,390
その他の包括利益（損失）	27					
当期包括利益（損失）合計						58,390
所有者との取引額						
所有者による拠出及び所有者への分配						
自己株式の取得	22(2)			△5		
自己株式の処分	22(2)			1,827	△768	
配当（1株当たり65.00円）	22(3)					△28,050
その他の非支配持分の増減	22					
株式報酬取引（ストック・オプション）	24				242	
累積その他の包括利益から利益剰余金への振替						66
所有者による拠出及び所有者への分配合計				1,822	△527	△27,983
所有者との取引額合計				1,822	△527	△27,983
2014年3月31日残高		6,264	15,899	△8,890	△2,839	516,243

(単位：百万円)

	注記	売却可能金融資産評価損益	在外営業活動体の換算損益	確定給付負債（資産）の純額の再測定	持分法適用関連会社のその他の包括利益持分	累積その他の包括利益	親会社の所有者に帰属する持分	非支配持分	資本合計
2012年4月1日残高		186	△64,869	－	△2,143	△66,826	384,802	△149	384,653
会計方針の変更による調整額		△34	△2,110		2,143	－	△1,198		△1,198
2012年4月1日残高（修正後）		152	△66,978	－	－	△66,826	383,604	△149	383,455
当期包括利益（損失）									
当期利益							72,260	143	72,403
その他の包括利益（損失）	27	403	42,182	△80		42,505	42,505	1	42,506
当期包括利益（損失）合計		403	42,182	△80		42,505	114,765	143	114,909
所有者との取引額									
所有者による拠出及び所有者への分配									
自己株式の取得	22(2)						△2		△2
自己株式の処分	22(2)						112		112
配当（1株当たり65.00円）	22(3)						△28,045	△134	△28,178
その他の非支配持分の増減	22							△47	△47
株式報酬取引（ストック・オプション）	24						299		299
累積その他の包括利益から利益剰余金への振替				80		80	－		－
所有者による拠出及び所有者への分配合計				80		80	△27,636	△181	△27,817
所有者との取引額合計				80		80	△27,636	△181	△27,817
2013年3月31日残高		555	△24,797	－	－	△24,241	470,733	△187	470,547
当期包括利益（損失）									
当期利益							58,390	1,750	60,140
その他の包括利益（損失）	27	△114	34,205	66		34,158	34,158	123	34,281
当期包括利益（損失）合計		△114	34,205	66		34,158	92,548	1,873	94,420
所有者との取引額									
所有者による拠出及び所有者への分配									
自己株式の取得	22(2)						△5		△5
自己株式の処分	22(2)						1,058		1,058
配当（1株当たり65.00円）	22(3)						△28,050	△6	△28,055
その他の非支配持分の増減	22							4,441	4,441
株式報酬取引（ストック・オプション）	24						242		242
累積その他の包括利益から利益剰余金への振替				△66		△66	－		－
所有者による拠出及び所有者への分配合計				△66		△66	△26,754	4,435	△22,319
所有者との取引額合計				△66		△66	△26,754	4,435	△22,319
2014年3月31日残高		442	9,408	－	－	9,850	536,526	6,121	542,648

（出所）ＨＯＹＡ株式会社Webサイト「2014年3月期　有価証券報告書」（IR資料室）。

④ 【連結キャッシュ・フロー計算書】

(単位:百万円)

	注記	前連結会計年度 (自 2012年4月1日 至 2013年3月31日)	当連結会計年度 (自 2013年4月1日 至 2014年3月31日)
営業活動によるキャッシュ・フロー			
税引前当期利益		91,204	85,486
減価償却費及び償却費		30,872	33,891
減損損失		1,119	4,770
金融収益		△965	△1,849
金融費用		2,143	1,309
持分法による投資損失(△は利益)		11,912	268
有形固定資産売却損(△は利益)		△1,973	△658
有形固定資産除却損		735	450
その他		△22,771	△2,900
営業活動によるキャッシュ・フロー (運転資本の増減等調整前)		112,275	120,767
運転資本の増減			
棚卸資産の減少額(△は増加額)		5,030	11,785
売上債権及びその他の債権の減少額(△は増加額)		△8,216	△4,548
仕入債務及びその他の債務の増加額(△は減少額)		△7,692	△2,171
退職給付に係る負債及び引当金の増加額 (△は減少額)		△6,081	215
小計		95,316	126,048
利息の受取額		1,000	1,065
配当金の受取額		59	56
利息の支払額		△1,544	△1,238
支払法人所得税		△6,073	△24,492
還付法人所得税		232	1,231
営業活動によるキャッシュ・フロー		88,991	102,670
投資活動によるキャッシュ・フロー			
定期預金の払戻による収入		1,656	6,098
定期預金の預入による支出		△1,721	△9,087
譲渡性預金の払戻による収入		40,000	−
有形固定資産の売却による収入		7,573	950
有形固定資産の取得による支出		△43,049	△16,546
投資の売却による収入		−	1,007
子会社の取得による支出	32	△10,127	△6,390
合併交付金の支出		△4	△4
事業譲渡による収入		568	−
事業譲受による支出		△3,150	−
その他の収入		9,050	7,339
その他の支出		△1,745	△4,250
投資活動によるキャッシュ・フロー		△948	△20,882

(出所)HOYA株式会社Webサイト「2014年3月期　有価証券報告書」(IR資料室)。

〈著者紹介〉

碓氷　悟史（うすい　さとし）

公認会計士、亜細亜大学名誉教授、明治大学リバティアカデミー講師、NPO心創り・智慧創り研究所所長。
著書として、『決算書の超かんたんな読み方』（中経出版）、『アカウンタビリティ入門』『ＲＯＥ不用論』（ともに中央経済社）、『組織的監査論』『監査理論研究』（ともに同文舘出版）ほか多数。

《検印省略》
略称―3つの数字で決算書

平成27年5月25日　初版発行

ここがツボ！ 3つの数字だけでわかる決算書の読み方
会計知識がなくても、IFRS適用会社の決算書も、かんたんに読める

著　者　碓　氷　悟　史
発行者　中　島　治　久

発行所　同文舘出版株式会社
東京都千代田区神田神保町1-41　〒101-0051
電話 営業(03)3294-1801　編集(03)3294-1803
振替 00100-8-42935
http://www.dobunkan.co.jp

©S.USUI
Printed in Japan 2015

製版：一企画
印刷・製本：三美印刷

ISBN 978-4-495-20231-6

[JCOPY]〈出版者著作権管理機構 委託出版物〉
本書の無断複製は著作権法上での例外を除き禁じられています。複製される場合は、そのつど事前に、出版者著作権管理機構（電話 03-3513-6969、FAX 03-3513-6979、e-mail: info@jcopy.or.jp）の許諾を得てください。